Helmut Schreier

Über das Philosophieren mit Geschichten für Kinder und Jugendliche

Begleitbuch zu: Helmut Schreier,
Himmel, Erde und ich
Geschichten zum Nachdenken über den
Sinn des Lebens, den Wert der Dinge
und die Erkenntnis der Welt

Helmut Schreier

Über das Philosophieren mit Geschichten für Kinder und Jugendliche

Fragen, Antworten, und noch mehr Fragen auf der Suche nach Zeichen im Labyrinth der Existenz

Agentur Dieck

Die Deutsche Bibliothek - CIP-Einheitsaufnahme

Schreier, Helmut:
Himmel, Erde und ich : Geschichten zum Nachdenken über den Sinn des Lebens, den Wert der Dinge und die Erkenntnis der Welt / Helmut Schreier. - Heinsberg : Agentur Dieck.

Begleitbuch. Über das Philosophieren mit Geschichten für Kinder und Jugendliche : Fragen, Antworten und noch mehr Fragen auf der Suche nach Zeichen im Labyrinth der Existenz. - 1993
ISBN 3-88852-208-0

ISBN 3-88852-208-0

Alleinvertrieb: Buchhandlung Elke Dieck
Richard-Wagner-Str. 1 · D-52525 Heinsberg

Inhalt

Ideen, Geschichten, offene Fragen 7

Der Fluß und das Eis 13

Der Prozeß des Nachdenkens und das Produkt der philosophischen Systeme 13

Nachdenken mit Kindern oder Propädeutik der Fachphilosophie? 16

Die Ambivalenz von Geschichten und ihr Vermögen, Nachdenken auszulösen 20

Das Pathos des Strebens, moralisch zu überzeugen und die Kunst, Opposition darzustellen 26

Das Gespräch als dialektische Inszenierung und als doppelter Balance-Akt 38

„Zwei in Einem" oder Nachdenklichkeit als Tugend 47

Die Gemeinsamkeit des Nachdenkens als pädagogischer Fortschritt und die Grenzen des Projektes „Gemeinsam mit Kindern nachdenken" 52

Nachbemerkung von Gareth B. Matthews 63

Ideen, Geschichten, offene Fragen

Eine Art Vorwort und kurze Gebrauchsanleitung für den Umgang mit den Geschichten des Bandes „Himmel, Erde und ich“

Dies kleine Buch soll dazu beitragen, das gemeinsame Nachdenken von Kindern und Erwachsenen über solche Fragen zu fördern, auf die unsere Schulweisheit keine zufriedenstellende Antwort zu geben vermag. Es richtet sich an Lehrerinnen von Kindern im Alter von acht bis zwölf Jahren und an Mütter und Väter, die gern mit ihren Kindern über „Grübelfragen“ reden.
In dieser Einleitung habe ich Überlegungen und Argumente zusammengetragen, die unserem Vorhaben des gemeinsamen Nachdenkens mit Kindern ein theoretisches Fundament geben. Die Überlegungen sind ebenso wie die Geschichten selbst aus Seminaren und Projekten zum Phi-

losophieren mit Kindern“ hervorgegangen, die ich seit Mitte der achtziger Jahre am Fachbereich Erziehungswissenschaft der Hamburger Universität veranstalte. Dabei habe ich von den Studierenden und den Lehrerinnen, vor allem aber von den Kindern, mit denen wir die „Geschichten zum Nachdenken“ diskutiert haben, viel gelernt. Im Lauf der Jahre sind in verschiedenen Fachzeitschriften und Büchern Berichte über die Erprobung einzelner Geschichten aus dem Unterricht oder aus Gesprächen mit kleinen Gruppen erschienen.[1]

In den drei Abschnitten des Buches HIMMEL, ERDE UND ICH „Aus der Schule“, „Gespräche mit Eltern“ und „Kinder unter sich“ sind Gesprächs-Vorlagen einfach um die jeweilige Gesprächs-Situation herum angeordnet. All diese „geschichten“-förmigen Vorlagen sollen Facetten der Erkenntnis wiedergeben, daß das Staunen über die Welt gerechtfertigt ist. Sie dienen dazu, die Seite der Erfahrung anzuregen und ins Spiel zu bringen, die uns zeigt, daß das Unerhörte an der Tagesordnung ist, daß offene Probleme und Fragen allenthalben zutage treten, daß die Fähigkeit, die Welt zu verstehen, immer wieder an Abgründe des Nicht Verstehbaren gerät, daß wir mit unseren Vorstellungen über Recht und Schönheit und Sprache, Zeit und Raum und andere Lebewesen gewissermaßen unterwegs sind, und daß in diesem Prozeß der fortwährenden Vorstellungs-Bildung jede Meinung ins Gewicht fällt.
Sich mit ungelösten Fragen herumzuplagen, ist keine müßige Übung. Viele Kinder neigen spontan dem Nachdenken über sie zu, – vielleicht auch deshalb, weil hier

---

[1] Über einige Vorarbeiten und erste Versuche siehe Seite 65

die Trivialität der glatten Oberfläche einer Welt ohne offene Fragen durchbrochen wird, die der Unterricht ihnen meist vorspiegelt. Echte Fragen, echte Probleme fordern zum gemeinsamen Nachdenken heraus, und dies kann die Haltung der Nachdenklichkeit fördern, die wahrscheinlich zur Menschlichkeit von Menschen hinzugehört.

Die „Geschichten" selbst sind vergleichsweise kunstlose Gesprächsvorlagen. Zeitungsmeldungen oder Fallschilderungen könnten ebenso gut als Vorlagen dienen, vor allem, wenn sie gegensätzliche Auffassungen über ungelöste Probleme darstellen, wie zum Beispiel jene Meldung über einen Protest von Mietern, deren Hausbesitzer einen Baum im Hof hatte fällen lassen, weil dessen Krone sich in seinem Fernseher spiegelte, oder die Klage der Umweltverbände aus dem Herbst des Jahres 1988, bei der „im Namen der Robben" eine einstweilige Verfügung gegen die Verklappung von Dünnsäure in der Nordsee verlangt wurde. – Solche Vorlagen sind wie geschaffen dazu, eine Diskussion über die Rechte von Tieren bzw. über Argumente zum Bäume fällen in Gang zu setzen.
Wichtig ist, daß Oppositionen sichtbar werden, die dann aus- und durchgespielt werden können. „Geschichten" zu schreiben, die den angestrebten Zweck erfüllen, setzt kein besonderes schriftstellerisches Talent voraus. In den Seminaren zum „Philosophieren mit Kindern" hat es Studierende immer wieder gereizt, von sich aus solchen Problemen und Dilemmata eine narrative Gestalt zu geben, um die sie selbst „herumgrübelten". So schrieb beispielsweise eine junge Frau eine Geschichte mit dem Titel „Besetzt" über eine Frage, die sie seit ihrer Kindheit verfolgte: Wie es vorstellbar sein soll, daß Gott all die vielen Abendgebete, die an ihn gerichtet werden, gleichzeitig hört.

Bei unseren Versuchen mit den Geschichten im Unterricht kristallisierte sich eine gewissermaßen idealtypische Verlaufsform heraus, die folgende vier Stufen hatte:

1. Darstellung des Problems
   Zuerst wird der Fall wiedergegeben, die Geschichte vorgelesen, das Dilemma geschildert.

2. Erinnerungen und Einfälle zum Problem
   Die Kinder äußern ihre Assoziationen; Erlebnisse von Ähnlichem, Anknüpfen an Fernseh-Sendungen, Stellungnahmen und Überlegungen. Zunächst sind alle Äußerungen willkommen. Rückfragen dienen der Klärung. Dann werden die Beiträge im Gespräch auf die dritte Phase hin „gebündelt".

3. Untersuchung des Problems
   Es kommt darauf an, die dem Fall angemessene Form zu finden, wie etwa: Rollenspiel, zeichnerische Darstellung, Plädoyer, Gerichtsverhandlung, Disput unter zwei Kontrahenten. Es gilt zu entscheiden, welche Vorarbeiten notwendig sind, beispielsweise Studium von Texten in Kleingruppen, Umfragen, Proben, usw.
   Entscheidend wichtig ist die Beteiligung der Kinder an der Planung der Untersuchung. Manchmal führt die Arbeit auf Präsentationen oder in der Klassenöffentlichkeit arrangierte Disputationen zu einem späteren Zeitpunkt hin.

4. Endgültige Formulierung des Problems
   Am Ende steht die genauere und klarere (erneute) Formulierung des Problems. Manchmal kommt es zu einer Verschiebung der Fragestellung, manchmal gelangen die Kinder über die Untersuchung zu tieferliegenden

Schichten ihrer anfänglichen Fragestellung, die wie eine Zwiebel aus mehreren übereinanderliegenden Häuten bestehen mag.

Im Anschluß an die einzelnen Gesprächsvorlagen habe ich eine Reihe von Vorschlägen zur Bearbeitung des jeweiligen Problems angeführt, die in Form von Stichwörtern lediglich andeuten, welche „Aktivitäten“ und „Gesprächsthemen“ aufzugreifen sich lohnt. Die Aktivitäten sind an erster, die Gesprächsthemen an zweiter Stelle genannt, weil das Handlungs-Interesse der Kinder die regelhafte Grundlage all ihrer Erkenntnis ist. Aber die Gesprächsthemen sollten nur auf dem Papier nachgeordnet sein; in der Wirklichkeit sind sie mit den Handlungen verflochten, und es kommt darauf an, diese Verflechtung auch bei der Bearbeitung zu berücksichtigen.

Die Reihenfolge der Geschichten und Gesprächsvorlagen ist nicht festgeschrieben. Günstig wäre es, bei Gelegenheit einer entsprechenden Erfahrung der Kinder eine Geschichte anzuknüpfen. Die Geschichten sind aber auch untereinander auf zweierlei Weise kombinierbar. Entweder können die behandelten Probleme miteinander verbunden werden, z.B. das Problem des Fremden bei „Ausländer“ und „Zwischen den Zeilen“, und das Problem des „Pfeils der Zeit“ bei „Natur als Uhr“ und „Zeitmaschine“, oder die in einem übergreifenden Thema gegebenen Anknüpfungspunkte können nacheinander angesteuert werden, wie etwa beim Thema „Hunde“, das in einer Reihe von Geschichten aufgegriffen und dessen verschiedene Facetten entfaltet werden.
Zwei Bedingungen müssen schließlich erfüllt sein, um den hier vorgeschlagenen Weg überhaupt beschreiten zu

können: Einerseits muß ein Minimum an Gesprächskultur gewährleistet sein, damit Gedanken im Gespräch geäußert und vernommen werden können. Wo keiner dem andern zuhören will, ist unser Vorhaben so wenig sinnvoll wie Wundsalbe auf einer Prothese. Andererseits muß ein Minimum an eigener Fähigkeit zum Staunen über die Rätselhaftigkeit der Welt auf seiten der Erwachsenen vorhanden sein, die sich darauf einlassen, mit Kindern gemeinsam nachzudenken. Diese Fähigkeit wurde von den alten Griechen THAUMAZEIN genannt und als Ursprung des Philosophierens betrachtet. Wie wollten wir hoffen, die Nachdenklichkeit unserer Kinder pflegen zu können, wenn wir selber die Rätselhaftigkeit der Welt nicht wahrnähmen?

Der Fluß und das Eis

Eine Art Einleitung,
in der folgende Behauptung
begründet wird:
Der Prozeß des Nachdenkens
kann durch Geschichten,
die von Gegensätzen handeln,
ausgelöst, und durch Gespräche
in Gang gehalten werden

1.

Der Prozeß des Nachdenkens und das Produkt der philosophischen Systeme

Die Geschichte der Philosophie kann als die Geschichte philosophischer Theorien beschrieben werden. Das Denken hat Gebäude hervorgebracht, Denk-Gebilde, die in unserer Sprache oft mit der Endung „-ismus“ bezeichnet werden. Manche dieser „-ismen“ leiten ihren Namen von dem zentral bedeutsamen Begriff der jeweiligen Theorie her: „Idealismus“ ist die Philosophie der überzeitlich gültigen Wahrheits-Bilder, „Materialismus“ die der alles entscheidenden materiellen Substanz, „Pragmatismus“ die der Handlung als des Ursprungs der Welt. Andere -„-ismen“ geben mit ihrer Bezeichnung den Namen des Philosophen, der das betreffende Denk-Gebäude errichtet hat: So erinnert der „Thomismus“ an Thomas von Aquin, der „Hegelianismus“ und der „Kantianismus“ an die Systeme der entsprechenden Denker, und der „Neo-Thomismus“ wie der „Neu-Kantianismus“ an die erneuerte Fassung der betreffenden Lehre.

Betrachtet man diese verschiedenen philosophischen Systeme nebeneinander, so liegt die Frage nahe, ob sich in der Geschichte des Denkens so etwas wie ein Fortschritt ausmachen läßt. Ein Vergleich mit der Geschichte der naturwissenschaftlichen Theorien bringt einen wichtigen Unterschied ans Licht. Während die naturwissenschaftliche Erkenntnis durch ein inneres Band der fortschreitenden Entwicklung gekennzeichnet ist – die Vorstellung des Kopernikus von der Umlaufbahn der Planeten ist richtiger als die des Ptolemäus- , wird man eine solche Spur der fortschreitenden Erkenntnis in der Philosophie nicht finden. Ja es ist nicht einmal möglich, „richtige“ und „falsche“ philosophische Erkenntnisse voneinander zu unterscheiden, weil der Maßstab für einen solchen Vergleich stets aus dem Repertoire irgendeines Systems entnommen werden müßte. Georg Simmel hat deshalb einmal vorgeschlagen, die Philosophie eher den Künsten als den Wissenschaften zu vergleichen. Und in der Tat bieten sich Parallelen zwischen den Denkrichtungen der Philosophie und den Stilrichtungen der Kunst: Die einen sind durch bestimmte Perspektiven, Motive und Kunstmittel geprägt, die andern durch bestimmte Begriffe, Grundsätze und ei-

ne besondere Sprache. Man wird den Stil der steinzeitlichen Höhlenbilder von Lascaux nicht mit den Bildern Picassos verwechseln und die Philosophie der Postmoderne nicht mit der der Vorsokratiker. Sie alle stellen wichtige Aussagen dar, aber es wäre wenig aussichtsreich, im Verlauf der Zeiten auf der einen wie auf der andern Seite einen Fortschritt ausmachen zu wollen.
Im Fluß der Geschichte bilden sich Konkretionen aus, die gleich Eisschollen auf der Oberfläche hinabtreiben; sie berühren einander und türmen sich stellenweise vielleicht übereinander, aber jede entstammt dem Wasser, das sie trägt. So haben wir uns daran gewöhnt, ihre erstarrten Schollen für die Philosophie selbst zu nehmen, während das Philosophieren ein Prozeß ist, der sich im Fluß der Geschichte abspielt.

Dafür, daß der Prozeß des Nachdenkens wichtiger ist als die durch ihn hervorgebrachten systemförmigen Produkte, gibt ironischerweise ausgerechnet das Weltbild der modernen Naturwissenschaft einen Hinweis. Betrachtet man nämlich den Wechsel der philosophischen Systeme auf der Folie der Entwicklung der Menschheit und vor dem Hintergrund des Universums, dessen Vorstellung uns die moderne Naturwissenschaft vermittelt hat, so verliert der Anspruch auf absolute und letztgültige Wahrheit viel an Überzeugungskraft, den manche dieser Systeme vor sich hertragen. Der Philosoph Alfred North Whitehead hat dies als alter Mann einmal sehr schön formuliert:

„Die Menschenrasse besteht aus einer kleinen Gruppe von Tieren, die sich für einen kurzen Zeitraum kaum eben aus der Masse animalischen Lebens herausdifferenziert hat auf einem kleinen Planeten, der eine kleine Sonne umkreist. Das Universum ist ungeheuer weit.

Nichts erscheint seltsamer als der selbstzufriedene Dogmatismus, mit dem die Menschheit zu jeder Periode ihrer Geschichte sich der Täuschung hingibt, daß die bestehenden Zugänge zum Wissen die endgültigen seien." [2]

2.

Nachdenken mit Kindern oder Propädeutik der Fachphilosophie?

Eine solche Betrachtung der philosophischen Systeme kann uns dabei helfen, unsere pädagogischen Absichten zu klären, die wir beim „Philosophieren" oder beim „gemeinsamen Nachdenken" mit Kindern verfolgen. Bei Gesprächen, die ich über das Vorhaben geführt habe, ist mir aufgefallen, wie oft die Vorstellungen über „Philosophieren" auf die Vermittlung bestimmter „-ismen" aus der Philosophiegeschichte hinauslaufen. Daß es darum gehen sollte, den Gehalt bestimmter Systeme, sog. klassische Fragestellungen der Philosophie, die Kategorien Kants etwa, oder die Dialektik nach Hegel u.a.m. zu vermitteln, ist die für viele wie selbstverständlich vorherrschende Annahme. Oft wird diese Prämisse, weil sie eben für selbst-

---

[2] Whitehead in seinem Beitrag „John Dewey and his Influence" in: A. Schilpp (ed.), The Philosophy of John Dewey. New York: Tudor Publ. 1939, 475-478 (Übersetzung Helmut Schreier)

verständlich gilt, nicht einmal ausgesprochen. Sie erscheint dann nur hier und da in den Einwänden gegen das ungebundene, „freie" Philosophieren mit Kindern:

- Ob es das abstrakte Denkvermögen der Kinder nicht überfordern müsse, mit komplizierten Gedanken überhaupt umzugehen?
- Ob nicht die Geschichten, derer wir uns bedienen, um Kinder in philosophische Gespräche zu verwickeln, allzu vielschichtig seien, um den Kern der philosophischen Konzeption zu treffen, um deren Vermittlung es doch eigentlich gehen müsse?

Nun, es ist nicht notwendig, an dieser Stelle eine Auseinandersetzung mit der Unterstellung zu beginnen, daß Kinder zum Philosophieren unfähig seien. Was zu diesem Punkt zu sagen ist, haben der Philosoph Gareth Matthews und der Erziehungswissenschaftler Hans-Ludwig Freese ausführlich und überzeugend dargestellt.[3] Hier geht es um die pädagogischen Absichten, auf die das Philosophieren mit Kindern hinauslaufen sollte. Wo die pädagogische Sicht an die „-ismen" der Philosophiegeschichte gebunden ist, haben narrative Momente – Geschichten – eine andere Funktion als dort, wo sie den Fluß des spontanen Denkens in Gang setzen sollen. Es ist dann zwar nicht ungeschickt, „Geschichten zum Nachdenken" im Unterricht einzusetzen – jedenfalls so lange nicht, wie die Schüler die Doktrinen und Texte noch nicht direkt lesen und studieren können, aber die Geschichten bleiben Mittel zu

---

[3] Hans-Ludwig Freese: Kinder sind Philosophen. Weinheim, Berlin: Quadriga 1989; Gareth Matthews: Denkproben. Philosophische Ideen jüngerer Kinder. Berlin: 1991; ders.: Philophische Gespräche mit Kindern. Berlin: Freese 1989

diesem Zweck, und es erscheint dann folgerichtig, daß sie dem Zweck auch zu dienen haben. Eine philosophische Geschichte verhält sich in diesem Fall zur philosophischen Theorie ähnlich wie der Anwendungsfall zum zugrundeliegenden Gesetz. Es ist leicht zu sehen, wie man entlang solcher Leitvorstellung einen Lehrplan der philosophischen Propädeutik für die Grundschule konstruiert: Man wählt zentrale Fragen, Sätze und Denkweisen aus den „–ismen“ der Philosophiegeschichte aus, vergleicht ihren Schwierigkeitsgrad mit der Auffassungsgabe von Kindern, und entwirft entsprechende Geschichten, die auf dann „kindgemäße“ Weise in ihrer erzählförmigen Verpackung das transportieren, was später einmal Gegenstand „ernsthaften“ Philosophie–Lernens sein wird.

Sollte unser „Nachdenken mit Kindern“ das Vorspiel für einen solchen Lehrplan sein? Die Frage zielt nicht auf Vermutungen darüber, ob angesichts der aktuellen Situation – Ersatz des Religionsunterrichts durch Ethikunterricht auch bei den jüngeren Jahrgängen, gezielte Förderung von „thinking skills“ im Hinblick auf die Erfordernisse der Computer–Technologie – eine solche Vorschule des Denkens im Bereich der zu erwartenden Entwicklungen des Lehrplans liegt. Das „sollte“ ist im Sinne der Aussage „Wäre es wünschenswert?“ als Frage nach einer pädagogischen Forderung gesetzt.
Anders formuliert: Besteht nicht die Gefahr, daß mit der eventuell einsetzenden Etablierung einer Philosophie–Propädeutik in der Art des eben angedeuteten Unterrichts die eigentliche Chance des „Nachdenkens mit Kindern“ vertan wäre, die in der Entbindung ihrer philosophischen Potentiale liegt, – ein Vorgang, der sich mit der Hoffnung auf die Entwicklung einer Kultur der Nachdenklichkeit im

Alltagsleben verbindet, – einer Haltung, die weitgehende Selbstbestimmtheit des Denkens und offene Sinne für die Wunder und für die Abgründe der Welt einschließt?

Es ist verführerisch, an dieser Stelle in das Pathos der Rede über den Sinn von Erziehung als EDUCATIO – „Herausführen", „Zu Sich Selbst Bringen" – einzufallen, das die Erziehungsphilosophie der Neuzeit geprägt hat. Angemessener im Zusammenhang der begonnenen Argumentation ist es aber, diese Frage von einer dritten Seite her zu beleuchten und die der angeführten verbreiteten Ansicht zugrundeliegende unausgesprochene Prämisse aufzugreifen, derzufolge Philosophieren an die Form des theoretischen Systems gebunden sei. Diese Annahme ist einerseits mit zweifelhaften Vorstellungen verbunden, wirkt andererseits aber in die Pädagogik hinein. Erst wenn gezeigt wird, daß den Systemen keineswegs die alles überragende Bedeutung zukommt, und daß Geschichten demzufolge eben nicht nur die Rolle von Zuträgern spielen dürfen, wird die Suche nach Formen einer eigenständigen „narrativen" Philosophie plausibel, die ihrerseits für eine Rekonstrukton des Philosophierens in Schule und Unterricht weitreichende Folgen haben könnte.

3.

Die Ambivalenz von Geschichten und ihr Vermögen, Nachdenken auszulösen

Geschichten sind älter als die Geschichte selber. Geschichte hebt an mit Geschichten: Mit der Geschichte von Gilgamesch, der die Mauer des Todes für seinen Freund Enkidu aufzubrechen versucht, oder mit der Geschichte von Odin und Thor und dem bevorstehenden Strudel des Weltunterganges, oder mit der Geschichte von Isis, die den Osiris sucht und findet in ewiger Wiederholung, oder mit der Geschichte von Hera und Zeus, die bei allem, was ihnen begegnet, doch ewig dieselben bleiben, oder mit der Geschichte von Adam, dem Gott die Eva beigesellt, damit er nicht allein sei – zwei Menschen, die vom Baum der Erkenntnis essen und deshalb vertrieben werden in ein begrenztes Leben voller Arbeit und Schmerzen. (Oder ist vielleicht doch etwas an dem Gerücht, daß Adams erste Frau, Lilith, sich hinter Adams Rücken mit Eva verbündete und daß die beiden jetzt dabei sind, eine neue Idee auszuhecken, mit der sie dann Adam überraschen werden?)

Es liegt auf der Hand, daß mit den Mythen nicht nur der mythische, gleichsam familiengeschichtliche Anfang der Menschheitsgeschichte bezeichnet ist, sondern auch der Ausdruck religiöser und – dies geht ja ursprünglich Hand in Hand – philosophischer Weltsicht. Umso schwieriger ist es, die Geringschätzung des geschichtenförmigen Philosophierens zu verstehen, die sich bei wenigen Ausnahmen, zu denen beispielsweise der geschichtenerzählende Philosoph Ernst Bloch gehört, in der philosophischen Fakultät ausgebreitet hat. Allerdings ist ein Ansatz bekannt, der narrative und systematische Aussagen miteinander verbindet, sie als gleichranging betrachtet: die jüdische Religionsphilosophie. Hier sind zwei Wege angelegt, auf denen jemand zur Erkenntnis von Gottes Gebot gelangen kann, AGGADAH und HALAKAH, und beide ergänzen einander, bilden letztlich erst zusammen das Ganze der Erkenntnis. HALAKAH ist ein Urteil des rabbinischen Gesetzes; gleichzeitig tragen auch die Teile des Talmuds den Namen HALAKAH, die mit den Angelegenheiten des Gesetzes befaßt sind. Der Körper von Sätzen und Gesetzen stellt ein System dar, das mit jeder Generation immer wieder auf seine innere Konsistenz hin überprüft wird.

AGGADAH ist die rabbinische Geschichte, eine Anekdote, eine Legende, die erklären soll, was in der Bibel steht. Der „Midrasch Aggadah" ist die Sammlung solcher Geschichten und Gleichnisse. Wenn die vier Evangelisten des christlichen Neuen Testaments Jesus als einen großen Geschichtenerzähler zeigen, ja wenn sie sein Leben als eine Kette von Anekdoten und Legenden darstellen, dann kann diese Art der Darstellung in der Tradition der AGGADAH gesehen werden. Aber im übrigen stellen auch die Gesetze und Sätze, die Jesus aufstellt – „Liebe deinen Nächsten wie dich selbst!" – Interpretationen – meist sehr radikale Interpretationen – der überlieferten Gesetze dar, stehen also in der Tradition der HALAKAH.

Nun, der kurze Ausflug in die Tradition jüdischen Denkens sollte lediglich die Behauptung belegen, daß Geschichten philosophische Aktualität zukommen kann. Worin liegt nun die Besonderheit des Nachdenkens in Erzählform gegenüber dem Nachdenken in Systemform? Es bietet sich an, eine Antwort durch Betrachtung eines Beispiels zu versuchen. Weil die jüdische Tradition reich an Geschichten ist, liegt es nahe, ein Beispiel aus diesem Umkreis zu wählen. Es ist eine Geschichte aus den von Martin Buber zusammengetragenen „Erzählungen der Chassidim“:

Das Erlernte

Als Levi Jizchak von seiner ersten Fahrt zu Rabbi Schmelke von Nikolsburg, die er gegen den Willen seines Schwiegervaters unternommen hatte, zu diesem heimkehrte, herrschte er ihn an: „Nun, was hast du schon bei ihm erlernt?!“

„Ich habe erlernt“, antwortete Levi Jizchak, „daß es einen Schöpfer der Welt gibt“. Der Alte rief einen Diener herbei und fragte den: „Ist es dir bekannt, daß es einen Schöpfer der Welt gibt?“

„Ja“, sagte der Diener.

„Freilich“, rief Levi Jizchak, „alle sagen es, aber erlernen sie es auch?“[4]

Welche systematischen Aussagen korrespondieren mit dem Inhalt dieser Geschichte? Offenbar reicht der Satz „Es gibt einen Schöpfer der Welt“ nicht aus, um ihn zu treffen. Aber auch der Satz „Jeder soll lernen, daß es einen Schöpfer der Welt gibt“ faßt nur einen Ausschnitt dessen, was mit der Geschichte gesagt ist, und selbst der Satz „Man muß das scheinbar Selbstverständliche von Grund auf erlernen“ bleibt angesichts des möglichen Gehalts mit dem Verdacht des Oberflächlichen behaftet. Der Wortwechsel verwickelt mich als Leser in ein Hin und Her, und der Ausruf am Ende zwingt mich dazu, innezuhalten, um dem Sinn dieser Worte auf die Spur zu kommen, die eine verschlüsselte Botschaft zu enthalten scheinen.

---

4 Aus: Martin Buber: Die Erzählungen der Chassidim. Zürich: Manesse Verlag 1949, 331/332

Mir drängen sich Einfälle auf, die ich am angemessensten mit einer Kette von Fragen wiedergebe:

- Wer erlernt hat, daß es einen Schöpfer der Welt gibt, – ist der ein frömmerer Mensch als der, der dies als Selbstverständlichkeit betrachtet?
- Muß man das Selbstverständliche erlernen, um es erst verstehen zu können?
- Wenn das Erlernen die Bedingung des Verstehens ist, ist dann nicht das, was ich für selbstverständlich halte, ein Indiz dafür, daß ich es nicht erlernt habe und also auch nicht verstehe?
- Ist dann nicht die große Masse meiner Vorstellungen ein Ausdruck meiner Unwissenheit?
- Und das Erlernen: Ist es der Weg des Menschen zur Erkenntnis Gottes?
- Aber ist das Erlernen der Menschen dann nicht auch eine Art von Bedingung für Gottes Existenz?
- Ist Gott dann nicht gewissermaßen darauf angewiesen, daß er von Menschen erlernt wird?
- Was ist das Erlernen überhaupt?
- Handelt es sich etwa um eine im weitesten Sinn religiöse Übung?
- Wie weit mag mit Lernvorgängen ein quasi gottesdienstlicher Vorgang berührt sein?
- Meine Erfahrung, daß ich etwas erlernen kann, und nicht nur immer nachbeten muß, was mir vorgesprochen wird, haftet dieser Erfahrung nicht etwas Wunderbares an, etwas, das nicht ohne weiteres zu erklären ist?
- Ist am Ende etwa der Prozeß des Erlernens das Gegenstück zur Erschaffung der Welt durch Gott, so daß in dieser coincidentia oppositorum Gott als Schöpfer sich spiegelt im Menschen als Lerner, und daß durch diesen Akt die Welt je und je neu geschaffen wird?

Derartige Fragen sind keineswegs die einzig möglichen, die aus dem Nachdenken hervorgehen möchten, das durch die Geschichte angestoßen worden ist. Es sind lediglich die Fragen, welche sich nun gerade mir aufdrängen, – einem Menschen des 20. Jahrhunderts mit milden pädagogischen und spekulativen Neigungen. Anderen mag anderes dazu einfallen. Entscheidend bleibt die der Geschichte innewohnende Kraft, die derlei Einfälle und Fragen beim Lesenden und Zuhörenden auszulösen vermag.

Im Vergleich zu systemförmigen Texten fehlt unserer chassidischen Erzählung die Eindeutigkeit. Die Beobachtung gilt für viele, wenn auch nicht alle geschichtenförmigen Texte: Fragen werden kaum klar herausgearbeitet, angeschnittenen Hypothesen wird nicht geradeswegs in einer Untersuchung nachgegangen, Prämissen werden selten aufgedeckt, und die Schlußfolgerungen bleiben auf eine manchmal paradox anmutende Weise mit Unschlüssigkeiten behaftet. Es mangelt derartigen Geschichten für gewöhnlich an klaren Aussagen und an systematischer Durchdringung eines Problemkomplexes.

Aber gerade in dieser ihrer vermeintlichen Schwäche steckt die besondere Kraft der Geschichte. Die Unentschiedenheit, das Aufgespanntsein zwischen den Oppositionen bewirkt, daß der Lesende selber eine Entscheidung zu bedenken, das Für und Wider abzuwägen beginnt.

In der Geschichte jedenfalls ist jede entschiedene Position aufgefangen durch eine ungefähr gleich schwer ins Gewicht fallende Gegenposition. So ist auch der Ausruf Levi Jizchaks nicht nur als Gegensatz zur Rede mit der trivialen Wiederholung des Üblichen zu sehen, sondern auch als Höhepunkt, als Aufgipfelung des Textes, der vielleicht in dem Sinne interpretiert werden darf, daß in dem Satz des Gesetzes „Ich bin der Herr, dein Gott, Schöpfer des

Himmels und der Erde" schon immer insgeheim der Sinn verborgen war, der durch das Erlernen ans Licht gebracht worden ist. Und dennoch läßt die Geschichte in Schwebe, was das Gesetz klar formuliert.

Dies trifft nun auch zu, wenn wir es auf die „–ismen" der Philosophie beziehen. Der Idealist mag von Formen und Gesetzen sprechen, die unabhängig von uns da sind. Er mag die schauende (theoretische) Teilhabe an ihnen als die höchste im Leben der Menschen erreichbare Erfahrung betrachten. Dem mag ein typischer Vertreter des Pragmatismus entgegenstellen, daß es keine Formen von ewiger Dauer gibt, und daß die Gültigkeit aller Gesetze – selbst der Naturgesetze – nicht ohne Berücksichtigung der Situation einen Sinn haben kann, innerhalb der sie fungieren, und der auch wir Menschen zugehören, als Teilhabende am Prozeß der Veränderung und Wechselwirkung.

Entgegengesetzte Positionen, Denk–Schulen, die sich auf jede Facette des Universums erstrecken möchten. Während ich der pragmatistischen Auffassung zuneige, meine ich, daß eine angemessene Geschichte zur Frage, ob man aus dem Lauf der Dinge überzeitlich gültige Muster herauslesen könne oder nicht, – daß eine solche Geschichte diese Frage im Unentschiedenen lassen müßte. Wer sich die Geschichte ausdenkt, müßte Oppositionen mit Argumenten von etwa gleichem Gewicht konstruieren. Es ist Sache der systematisierenden Philosophie, eine Antwort zu geben und zu erklären, daß die Welt so und nicht anders ist. Aber es ist die Sache der geschichtenerzählenden Philosophie, die Rückfrage zu stellen: „Aber könnte es nicht auch anders sein?"

Die Systeme und Theorien sind den Eisschollen vergleichbar, die sich aus dem Strome des Denkens herausgebildet haben und nun auf ihm dahintreiben. Die Geschichten sind eher dem Wasser im Flusse des Nachdenkens verwandt. Sie sind dem Prozeß des Philosophierens näher als seinen Produkten. Wenn sie gut sind, haben Geschichten die Kraft, den starren Wahrheitsanspruch der Doktrinen und Systeme aufzubrechen.

4.

Das Pathos des Strebens, moralisch zu überzeugen und die Kunst, Oppositionen darzustellen

Geschichten können ein mächtiges Instrument für jemanden sein, der Nachdenklichkeit hervorrufen möchte. Aber Geschichten können auch eine bestimmte Position vertreten. In derartigen Fällen sind sie eine Fortführung des rhetorischen Pathos mit narrativen Mitteln. Auch derartig konstruierte Geschichten benutzen die der Form eigene Ambivalenz, aber sie stellen nicht gleichwertige Positionen einander gegenüber, sondern bauen typischerweise die von ihnen bekämpfte Position narrativ aus. Damit ist den Zuhörenden die Vertretung der anderen, vom Geschichtenerzähler gewünschten Position nahegelegt. Rhetorisch geschickte Erzähler können die Dinge so darstellen, daß den Zuhörenden gewissermaßen gar keine andere Wahl bleibt; sie müssen Partei ergreifen.

Ein Beispiel sind die Geschichten, die die Schimpansenforscherin Jane Goodall am Ende ihrer Berichte über die Arbeit mit den Schimpansen von Gombe zu erzählen pflegt. Nachdem sie die verschiedenen Schimpansen–Persönlichkeiten in ihrer Darstellung gewürdigt hat, und nachdem sie für eine friedliche Koexistenz von „human beings" und „chimpanzee beings" auf diesem Planeten eingetreten ist, erzählt sie dem Publikum folgende, scheinbar offen endende Geschichte:

„Ein Afrika–Forscher, der mit seinen Gewehrträgern Ende des 19. Jahrhunderts die Savanne durchquerte, berichtet in seinem Tagebuch von der Begegnung mit einer Schimpansenhorde, die beim Anblick der Menschen in panischer Angst von ihrem Baum flüchteten. Er schreibt: Einzig ein Baby blieb zurück, das sich wohl nicht rasch genug an seine Mutter hatte klammern können. Es schrie und weinte jämmerlich auf seinem Ast. Da näherte sich ihm seine Mutter. Vorsichtig und offenbar voller Furcht vor den Menschen kletterte sie den Baum empor und zu ihrem Kind hinüber. Sie streckte den Arm aus und berührte das Junge mit einer Geste unendlicher Zärtlichkeit. In diesem Augenblick erschoß ich sie."[5]

Wer von Ms. Goodalls Zuhörern wäre nicht erfüllt von Gefühlen des Entsetzens und der Empörung, wenn sie ihren Vortrag genau an dieser Stelle abbricht?

---

5 Jane Goodall am Ende ihres Lichtbildervortrags über „Highlights of Long-Term Research on Free Living Chimpanzees" am 4. Dezember 1986 in Hamburg; die Passage ist in der Übersetzung aus der Erinnerung von mir niedergeschrieben worden.

Ein zweites Beispiel, das eine zentrale Frage der Erziehung von Kindern betrifft, sei angeführt. Astrid Lindgren hat es in ihrer Rede bei der Verleihung des Friedenspreises des Deutschen Buchhandels im Jahre 1978 in Frankfurt am Main erzählt:

„Jenen aber, die jetzt so vernehmlich nach härterer Zucht und strafferen Zügeln rufen, möchte ich das erzählen, was mir einmal eine alte Dame berichtet hat. Sie war eine junge Mutter zu der Zeit, als man noch an diesen Bibelspruch glaubte, dieses „Wer die Rute schont, verdirbt den Knaben." Im Grunde ihres Herzens glaubte sie wohl gar nicht daran, aber eines Tages hatte ihr kleiner Sohn etwas getan, wofür er ihrer Meinung nach eine Tracht Prügel verdient hatte, die erste in seinem Leben. Sie trug ihm auf, in den Garten zu gehen und selber nach einem Stock zu suchen, den er ihr dann bringen sollte. Der kleine Junge ging und blieb lange fort. Schließlich kam er weinend zurück und sagte: „Ich habe keinen Stock finden können, aber hier hast du einen Stein, den kannst du ja nach mir werfen." Da aber fing auch die Mutter an zu weinen, denn plötzlich sah sie alles mit den Augen des Kindes. Das Kind mußte gedacht haben: „Meine Mutter will mir wirklich weh tun, und das kann sie ja auch mit einem Stein." Sie nahm ihren kleinen Sohn in die Arme, und beide weinten eine Weile gemeinsam. Dann legte sie den Stein auf ein Bord in der Küche, und dort blieb er liegen als ständige Mahnung an das Versprechen, das sie sich in dieser Stunde selber gegeben hatte: Niemals Gewalt!"

Die Kunst des Redens und des Überzeugens hat die Geschichte als bewegendes Werkzeug immer schon zu nutzen verstanden. Zuhörenden, die über die Wirkung dieses Mittels nachzudenken beginnen, bleibt der unabsehbare Einfluß auf die Vorstellungswelt nicht verborgen. Wer pädagogische Zusammenhänge in seine Reflexion einschließt, wird das manipulative Moment bemerken, das die Verwendung narrativer Elemente in solcher Rhetorik kennzeichnet. Dann ist es schwierig, der Frage auszuweichen, wie weit die Verwendung solcher Instrumente das selbständige Denken des Publikums blockieren könnte. Auch wer den in die Geschichtenform gekleideten Appell selber befürworten und ihn unterschreiben möchte, wird sich mit der Folgerung, daß die Autonomie des Denkens und die Freiwilligkeit der Entscheidung dabei eingeschränkt ist, nur schwer abfinden können. Denn der Zwang zur Übernahme einer bestimmten Position, der solcher Manipulation innewohnt, ist eher die Folge emotionaler Überwältigung als die einer selbständig gewonnenen Überzeugung.

Diese Komplikation muß man als Pädagoge im Auge haben. Denn das appellative Reden, in Geschichtenform gekleidet, hat gerade in der Pädagogik des Kindesalters eine lange, nicht immer glückliche Tradition. Es ist nicht überflüssig, sich diese Tradition in einer Phase in Erinnerung zu rufen, in der vieles darauf hindeutet, daß die Infusion von Philosophie und Ethik in den Lehrplan der Grundschule bevorsteht. Es wäre fatal für das Projekt des „Nachdenkens mit Kindern“, wenn diese Entwicklung auf jenes mehr oder weniger verkappte Moralisieren hinausliefe, das vor allem Besserwisserei und Scheinheiligkeit zu fördern scheint. Der fünfundzwanzigsten Auflage des

„Neuen ABC– und Lesebuches für Volksschulen“ aus dem Jahre 1846 sei ein Beispiel für diese Art der Geschichtenerzählerei entnommen; daß er stilistisch und rhetorisch den Stand der vorher angeführten Beispiele nicht erreicht, bedeutet keineswegs, daß dieser Text einer anderen Kategorie zugerechnet werden müßte als jene.

„Lorenz hatte ein Vergnügen daran, dem Vieh, besonders jungen Pferden und Rindern nachzulaufen, sie hin und her zu jagen und zu schlagen. Auch neckte er gern Hunde, warf und schlug sie. War dieß recht? Warum darf man Thiere nicht quälen?
Es lag einmal ein Metzgerhund vor einem Hause, und nagte an einem Knochen. Da schlich sich Lorenz von hinten herbei, warf den Hund mit einem Stein, und lief davon. Der Hund aber hatte es wohl gemerkt, woher der Stein gekommen war, sprang schnell auf Lorenz los, und biß ihn recht tüchtig in das linke Bein, so daß sogleich Blut heraus floß. So ging es dem bösen Lorenz.“[6]

Weshalb erscheint der in dieser kleinen Geschichte enthaltene moralische Anspruch ein wenig plump? Die Wirkung auf den modernen Zuhörer könnte mit der Form zusammenhängen, in der die Belehrung vorgetragen wird: Nachdem im ersten Abschnitt die Regel (auf didaktisch nicht ungeschickte Weise) von den Kindern selbst hergesagt worden ist – vielleicht „Quäle nie ein Tier zum Scherz, denn es fühlt wie du den Schmerz“ – folgt im zweiten die Illustration, der Anwendungsfall, hier im Sinne einer Warnung, die genau betrachtet dazu geeignet erscheint, die stringente Geltung der Regel gerade in Frage zu stellen: Bei der Tierquälerei muß man aufpassen, daß man nicht an einen Metz-

[6] J.A. Schneider: Neues ABC- und Lesebuch für Volksschulen. Darmstadt, 25. Auflage, gedruckt und zu haben bei Chr. Fr. Will 1846

gerhund oder an ein anderes gefährliches Tier gerät. In dem durch die narrative Doublette gegebenen Kontext müßte diese Schlußfolgerung allerdings für subversiv gelten. Sie im Unterricht laut zu äußern, hätte für die betreffenden etwas Selbstmörderisches. Das mußte jedem Kind klar sein.
An dieser Stelle wird begreiflich, weshalb gerade der Moralunterricht jenes Verhalten einzuüben vermag, das wir als „scheinheilig" bezeichnen. Es hängt mit der Form der Verkündung moralischer Lehren zusammen, die den Lernenden keine Möglichkeit einer durchdachten, wohlabgewogenen eigenen Entscheidung läßt. So wird ihnen die Option eines doppelten Standards nahegelegt, bei dem alle im Chor die gleichen frommen Beteuerungen laut hersagen, während jeder seine Zweifel für sich behält, und das Verhalten als eine von den vorgeblichen Überzeugungen vollends losgelöste Kategorie wahrgenommen wird.

Diese Doppelbödigkeit der Reaktion der Zuhörenden ist auch in modernen Geschichten angelegt, die das moralische Bewußtsein fördern möchten, indem sie es unternehmen, an es zu appellieren. Der methodisch–rhetorische Fortschritt liegt dabei in einer vermeintlichen „Offenheit", – darin, daß die Verfasser es vermeiden, Spielregeln des moralisch richtigen Verhaltens direkt anzuführen. Die Geschichten in Ursula Wölfels Sammlung „Die grauen und die grünen Felder"[7] etwa enthalten keinerlei Aussagen über das, was in den einzelnen Fällen zu tun sei. Umso stärker ist der Druck auf die Lesenden oder die Zuhörenden, sich gegen die dargestellten himmelschreienden Un-

[7] Ursula Wölfel: Die grauen und die grünen Felder. Wahre Geschichten. Ravensburg: Otto Maier Verlag 1982 (Erstpublikation 1970)

gerechtigkeiten zu empören. Daß diese Geschichten ausdrücklich als „wahre Geschichten“ bezeichnet werden, verstärkt den Effekt. Auf der Rückseite des Buches heißt es: „Wahre Geschichten haben nicht immer ein gutes Ende. Sie stellen viele Fragen, und jeder soll die Antworten selbst finden.“ Trotzdem sind die Antworten in gewisser Hinsicht vorgegeben. Sie ergeben sich aus dem Gefühl der Loyalität, ja der Allianz mit den Armen, den Unterdrückten, den Unglücklichen in Lateinamerika, Südafrika, Vietnam und schließlich auch in Deutschland. Diese Orientierung erheischt ebenso unsere Zustimmung wie die Forderung, daß kein Mensch das Recht hat, ein Tier zu quälen, oder die nach einer friedlichen Koexistenz mit solchen Tieren, deren Personheit die Sensibelsten unter uns sich gerade eben zu erkennen anschicken.

Nun mag es sein, daß ein bestimmtes Maß an moralischer Indoktrination zum Unterrichtsgeschäft des öffentlichen Schulwesens hinzugehört, und daß dies bei hinreichend subtilen Formen von den meisten auch akzeptiert werden kann. Jedenfalls wird man über die Funktionen solcher Einflußnahme im Sozialisationsprozeß unserer Gesellschaft weitreichende Spekulationen anstellen können, etwa über die Notwendigkeit der Vermittlung eines allgemein anerkannten Kodexes moralischer Normen. Eine solche in der Soziologie begründete Betrachtung unseres Problems rechnet von vornherein mit der Trivialität des Unterrichts, damit also, daß die Fragen und Probleme, mit denen die Lernenden im Schulbetrieb konfrontiert werden, trivial sind. Sämtliche Antworten sind bekannt, müssen schon deshalb bekannt sein, weil der soziologisch verstandene Sinn der Schule, die Verteilung von Zensuren und Berechtigungen, anders nicht erfüllt werden kann.

Denn wie wollte man Zensuren verteilen, wenn es darum ginge, tatsächlich ungelöste Probleme zu verhandeln, so daß Antworten weder als „richtig“ noch als „falsch“ eingeordnet werden könnten? Die Chance, der Trivialität solch künstlicher Schulgespräche (und in der Tat vieler Gespräche zwischen Kindern und Erwachsenen) durch Gespräche über ungelöste Probleme und echte Fagen zu entkommen, wird von den Vertretern dieser soziologischen Sicht der Dinge wahrscheinlich nicht hoch eingeschätzt.[8] Pädagogen sehen die Möglichkeiten von Schule und Unterricht vielleicht weniger zynisch. Denen unter ihnen, die auf eine Überwindung der trivialen Momente hoffen, wird die Unterscheidung zwischen wie auch abgemilderten Formen der Indoktrination und Formen der Konfrontation mit unaufgelösten Gegensätzen nicht gleichgültig sein.

---

8 Vgl. zum Beispiel die skeptische Stellungnahme zu dieser Frage bei Niklas Luhmann: Ökologische Kommunikation. Opladen: Westdeutscher Verlag 1986; Luhmann schlägt vor, die Schule als Funktions-System zu betrachten. Die Codierung des Systems – die Selektionsfunktion – legt selbstverständlich die Möglichkeiten der Programmierung fest. Im Klartext heißt dies etwa: Ganz gleich, wieviel Mühe sich die einzelnen Lehrerinnen dabei geben, den Unterricht für die Kinder interessant und anregend zu gestalten, – letztendlich fällt das gegenüber der eigentlichen Auslesefunktion des Schulsystems nicht groß ins Gewicht. Interessant in unserem Zusammenhang ist die von Luhmann angeführte Stellungnahme des kalifornischen System-Theoretikers Heinz von Foerster, der folgende rhetorische Frage stellt: „Wäre es nicht faszinierend, sich ein Erziehungssystem vorzustellen, das seine Schüler enttrivialisiert, indem es sie lehrt, ,,legitime“ Fragen zu stellen, das heißt Fragen, deren Antworten nicht bekannt sind?“ (zitiert bei Luhmann, 198) In seiner Sprache formuliert hier der Soziologe genau die Hoffnung, auf der das Unternehmen „Nachdenken mit Kindern“ gründet.

Die Darstellung von Oppositionen ist keine einfache Aufgabe. Sie verlangt, das Zusammenspiel von Engagement und Distanzierung gegenüber einer Kontroverse so zu arrangieren, daß die Haltung der Distanzierung zu überwiegen scheint, auch wenn man „mit dem Herzen“ ganz auf der Seite einer der Positionen steht, die abgebildet werden sollen. Diese Künstlichkeit hat dann nichts Verschlagenes, wenn die Absicht klar vor Augen steht, Nachdenklichkeit zu fördern, und wenn man bedenkt, daß eine noch so raffinierte Form der Verkündigung eben dies nicht leisten kann. Das vielleicht bekannteste Muster einer solchen Konstruktion liefern die von Lawrence Kohlberg konstruierten Dilemma – Geschichten. Die berühmteste unter ihnen, das sog. Heinz–Dilemma, sei hier wiedergegeben:

In einem fernen Land war eine Frau dem Tode nah. Sie litt an einer seltenen Art von Krebs. Es gab ein einziges Medikament, von dem die Ärzte annahmen, daß sie damit vielleicht gerettet werden könnte. Es bestand aus einer besonderen radiumhaltigen Substanz, die ein Pharmazeut, der in der gleichen Stadt lebte, vor kurzem entdeckt hatte. Es war kostspielig, diese Substanz herzustellen, aber der Pharmazeut verlangte einen Preis, der das Zehnfache der Herstellungskosten betrug. Er selbst zahlte 200 $ für das Ausgangsmaterial, aber verlangte 2000 $ für eine kleine Dosis des Medikamentes. Der Mann der kranken Frau, Heinz, bat alle seine Bekannten, ihm etwas Geld zu borgen, aber er bekam nur etwa 1000 $ zusammen, also gerade die Hälfte der Kosten. Er berichtete dem Pharmazeuten davon, daß seine Frau im Sterben lag, und bat ihn darum, ihm das Medikament mit einem Preisnachlaß zu verkaufen, oder darum, daß er den vollen Preis zu einem späteren Zeitpunkt entrichten dürfe. Aber der Pharmazeut *antwortete: „Nein, ich habe dies Mittel entdeckt, und ich werde damit Geld verdienen." Heinz verzweifelte und brach in die Firmenräume des Pharmazeuten ein, um das Medikament für seine Frau zu stehlen.*[9]

Kohlberg hat diese und andere Dilemma–Geschichten konstruiert, um die Phase der moralischen Entwicklung zu ermitteln, in der sich jemand befindet. Von der Art und Weise der Argumentation, die seine Gesprächspartner als Reaktion auf das Dilemma ins Feld führten, konnte er ablesen, welcher der drei von ihm beschriebenen Phasen sie zugehörten: Der präkonventionellen, der konventionellen oder gar der postkonventionellen Phase, die an universell gültigen ethischen Prinzipien ausgerichtet ist, denen die betreffenden Persönlichkeiten selbstbestimmt und reflektiert folgen. Diese schematische Darstellung von Phasen wird nicht von allen Schülern Kohlbergs geteilt. Berühmt geworden ist die Stellungnahme von Carol Gilligan, die in der Zentrierung um die Frage „Was ist gerecht?" eine typisch männliche Moral–Auffassung erblickt, der sie die weibliche Idee einer immer tiefer werdenden, umfassenderen Sorge und Liebe gegenüberstellt.
Unberührt von derartigen unentschiedenen und vielleicht unentscheidbaren Kontroversen bleibt ein Ergebnis der Forschungen Kohlbergs, das unter der Bezeichnung

---

9 Die Fassung ist übernommen (und von mir übersetzt worden) aus Kohlbergs distanzierter Darstellung seiner Versuche, die moralische Entwicklung zu studieren, bevor er mit den Versuchen begann, sie direkt durch praktische „Gerechte Gemeinschafts"–Schulen zu beeinflussen: Lawrence Kohlberg: The Just Community Approach to Moral Education in Theory and Practice. In: Berkowitz/Oser (eds.), Moral Education Theory and Application. Hillsdale, N.J. London: Erlbaum Ass. 1986, 27 -87, hier 29

„Blatt–Effekt" in die Diskussion eingeführt worden ist. Moshe Blatt war ein Schüler Kohlbergs, der mit Kindern in Grundschulklassen bereits zu Beginn der siebziger Jahre hypothetische moralische Dilemma–Geschichten in der Art des „Heinz–Dilemmas" diskutierte, um den Stand der moralischen Entwicklung seiner jungen Gesprächspartner zu ermitteln. Dabei stellte sich heraus, daß die Kinder nach intensiven Gesprächen „sokratischer Art" (wie diese von Kohlberg bezeichnet wurden) erheblich besser zu argumentieren verstanden als vor den Gesprächen. Im Schnitt ein Drittel aller kindlichen Gesprächsteilnehmer wurde nach den Gesprächen eine Stufe höher eingeordnet . Dieser Schub der moralischen Entwicklung im Kohlbergschen Sinne, der also eine Drittel Stufe beträgt, konnte in mehr als hundert Klassenräumen reproduziert werden.[10]

Es geht bei „sokratischen" Gesprächen vor allem darum, das Für und Wider in Rede und Gegenrede abzuwägen. Die Gesprächspartner haben nicht das Ziel, Harmonie und Übereinstimmung herzustellen, und der „Lehrende", hat es nicht darauf abgesehen, eine bestimmte Position zu vermitteln. Dementsprechend besteht der pädagogische Effekt derart „sokratischer" Gespräche nicht im „Gewinn" der Teilnehmenden für die eine oder andere Position, und in der Tat fällt die Meinung der Mehrheit nicht stärker ins Gewicht als die von einzelnen, die bei ihrer eigenen abweichenden Auffassung bleiben. Was mit dem „Blatt–Effekt" gemessen wird, ist vor allem eine Steigerung der Qualität der Argumentation: Nachdenklichkeit ist produziert worden. Der „Blatt–Effekt" ist ein ermutigender

---

10 M. Blatt & Kohlberg: The effects of classroom discussion upon children's level of moral judgment. In: „Journal of Moral Education", 4, 1975, 129-161

wissenschaftlicher Fund. Er deutet darauf hin, daß es möglich ist, durch Gespräche über ungelöste Fragen Nachdenklichkeit hervorzurufen. Er belegt außerdem, daß Dilemma–Geschichten, also narrative Darstellungen von Oppositionen, ein geeignetes Instrument sind, um derartige Gespräche in Gang zu setzen und auf ein bestimmtes Problem zu konzentrieren.

5.

Das Gespräch als dialektische Inszenierung und als doppelter Balance–Akt

Ist die Aufmerksamkeit für ein ungelöstes Problem erst einmal gewonnen, so will die Sache verhandelt sein. Deshalb führen wir Gespräche, die weder das unverbindliche, oberflächliche Geschwätz des „small–talk" noch das harte Aushandeln von Bedingungen des Arbeits– und Geschäftsbetriebs repräsentieren. Ein „gutes" Gespräch, das weder auf Seichtigkeit noch auf Vertrags–Abschlüsse hinausläuft, sondern irgendwo in der Mitte angesiedelt ist, gibt uns Gelegenheit, unsere eigenen Vorstellungen vorzutragen und sie im Vergleich mit den Vorstellungen der Gesprächspartner weiter zu entwickeln. Manche Gespräche bleiben unvergeßlich; manche Lebenserinnerungen sind deshalb folgerichtig als Kette von Gesprächen niedergeschrieben worden.[11]

Dies ist auch Ausdruck einer besonderen Pflege des Gesprächs in der Gesellschaft, bei der die Regeln der Konzilianz befolgt wurden. Dazu gehörte das vielleicht ober-

---

[11] Zum Beispiel die Erinnerungen des Atomphysikers und Naturphilosphen Werner Heisenberg: Der Teil und das Ganze. Gespräche im Umkreis der Atomphysik. München: dtv, 5. Aufl. 1979; diese Erinnerungen bieten ein reiches Feld zur Auswertung auch für unser Thema. Beispielsweise erinnert sich Heisenberg an einen Satz seines Lehrers Niels Bohr, der geeignet ist, ein Licht auf den Sinn und den Anspruch des dialektischen Verfahrens zu werfen: „Das Gegenteil einer richtigen Behauptung ist eine falsche Behauptung. Aber das Gegenteil einer tiefen Wahrheit kann wieder eine tiefe Wahrheit sein." (121)

flächlich anmutende Ritual der Versicherung wechselseitigen Wohlwollens, aber auch subtilere Regeln wie etwa die, daß man nur nach etwas fragte, wovon man erwartete, daß der Gesprächspartner darauf tatsächlich zu antworten vermochte (beziehungsweise, daß man ein ungelöstes Problem als solches vortrug, d.h. ohne vorzugeben, die Antwort selber zu kennen), oder auch das strenge Verbot der Rechthaberei. Die Erfahrung solch bürgerlicher Gesprächskultur verlieh gelungenen Gesprächen eine Art „Wert in sich". Das Ereignis des Gespräches selbst brachte eine zutiefst befriedigende Erfahrung mit sich, die vielleicht Goethe dazu veranlaßte, die folgende Passage in sein „Märchen" zu schreiben:
„Was ist herrlicher als Gold? fragte der König. Das Licht, antwortete die Schlange. Was ist erquicklicher als Licht? fragte jener. Das Gespräch, antwortete diese."

Solche Gesprächskultur ist vor allem im „Bildungsbürgertum" der Gesellschaft des 19. und des frühen 20. Jahrhunderts gepflegt worden. Gegen Ende des zwanzigsten Jahrhunderts scheint sie weithin verlorengegangen zu sein. Dies ist für das Projekt der Erziehung zur Nachdenklichkeit ein großer Verlust, vor allem angesichts der Gesprächlosigkeit, einer Art Sprachlosigkeit, die den Umgang innerhalb mancher Schulklassen in Deutschland zu kennzeichnen scheint. Kinder, die einander nicht zuhören wollen, spiegeln mit diesem Verhalten vielleicht eine Gesellschaft von Erwachsenen, deren Begierde auf das Unerhörte, das Sensationelle und Laute geht. Aber Nachdenken bringt die Kunst, ein Gespräch führen zu können, bis zu einem Grade als unabdingbare Voraussetzung mit sich. Wo man einander nicht mehr zuhört, muß schließlich auch das Denken verkümmern. Das Gespräch ist unumgänglich. Der Prozeß des Nachdenkens wird durch Geschichten von Gegensätzen und Widersprüchen ausgelöst, aber durch Gespräche in Gang gehalten. Deshalb liegt ein Hauptproblem des gemeinsamen Nachdenkens als einer planvollen Veranstaltung - z.B. im Rahmen des Schulunterrichts – in der Methode des Arrangements von Gesprächen. Die Inszenierung von Rollenspielen, Gerichtsverhandlungen, Bildinterpretationen, Fallschilderungen, Diskussionen, Debatten und Wechselreden erfordert die Verfügbarkeit eines breiten methodischen Repertoires und eine Beweglichkeit, die der Situation gerecht wird.

Wichtig ist vor allem, daß diejenigen, die das Arrangement des Gespräches veranlassen, eine klare Vorstellung von den Konturen eines „guten Gespräches" haben. Die Fähigkeit, diese Vorstellung modifizieren zu können, wird am ehesten durch praktisches Tun entwickelt. Was ist aber nun das Wesentliche an einem „guten" Gespräch, also das, was man bei der Gesprächsführung vor Augen haben sollte? Wahrscheinlich gibt die alte Gesprächs–Idee des klassischen Altertums die beste Antwort.
Hier geht es um eine doppelte Balance, die auf „das Angemessene" gerichtet ist. Sie kann einmal, der äußeren Form nach, als Mitte zwischen zwei Extremen beschrieben werden, zum andern stellt sie auch, der inneren Form nach, eine Kunst des Auseinanderlegens und Zusammenfügens von Begriffen und Problemen dar. Worauf es in beiderlei Hinsicht ankommt, ist, die Balance zu halten.

Mit der „äußeren Form" des Gesprächs ist dessen wahrnehmbare Gestalt bezeichnet, die den Sinnen unmittelbar zugängliche Seite. Auf die Gefahr hin, diesen Aspekt zu überzeichnen, kann man ihn in dem Sinne interpretieren, daß das Gespräch als eine Art Skulptur von den Gesprächspartnern erzeugt wird, und daß es darauf ankommt, dieser Skulptur möglichst attraktive Züge zu verleihen. In diesem Sinn hat der römische Redner Cicero als erstes gefordert, daß die Stimmen der Sprechenden einen angenehmen Klang haben müßten.

Und auch die drei Prinzipien des Gespräches, die Aristoteles in der „Nikomachischen Ethik" beschreibt, sind als sinnlich erfahrbare Äußerungen, ja als Typen von Körperhaltungen zu verstehen: Er nennt zuerst die Freundlichkeit oder Leutseligkeit – lateinisch „affabilitas" – als eine Haltung, die zwischen den extremen und unangemessenen Haltungen des Widerspruchs und der Schmeichelei gelegen ist. Denn der stets widersprechende Partner ist ein Grobian, der auf seinen Gesprächspartner gewissermaßen einschlägt, und auf der Seite des anderen Extrems ist der Schmeichler ein würdeloser, berechnender Streichler. Nur der findet die angemessene Haltung – affabilitas –, der weder dreinschlägt noch streichelt, und ihm wächst dann, zusammen mit der inneren Einstellung, auch die angemessene Körperhaltung zu. Ähnlich verhält es sich mit dem zweiten Prinzip des Aristoteles, der Aufrichtigkeit – lateinisch „veracitas". Sie äußert sich in einer Haltung, die in der Mitte zwischen Prahlerei und Ironie liegt, jenen beiden ins Abseits führenden Wegen, die sich an bestimmten Körperhaltungen ablesen lassen. Auf der einen Seite bläst sich auf, wer sich wichtig macht, und auf der andern Seite duckt sich künstlich, wer sich kleiner macht, als er in Wirklichkeit ist. Der Aufrichtige aber verbindet den aufrechten Gang mit einer aufrechten Einstellung. Das dritte Prinzip, das Aristoteles anführt, betrifft jene aufgeklärte Heiterkeit, die im Lateinischen „urbanitas" heißt. Sie bezeichnet die Mitte zwischen dem herumspringenden Possenreißer auf der einen und dem zugeknöpft

Schweigsamen auf der anderen Seite; diese beiden bringen, läßt man sie gewähren, jedes Gespräch zum Tode. Damit es weitergehen kann, muß eine heitere, aufgeklärte Grundstimmung vorhanden sein.

Nun, die Kunst des Gesprächs ist mit diesem Balance-Akt noch längst nicht ausgeschöpft.[12] Die Ansprüche der äußeren Form, so schwierig sie an sich schon zu erreichen sind, werden von denen der inneren Form aufgenommen und sozusagen in gebrochener Figur wiederholt. Dabei geraten wir geradeswegs in jene Muster des Denkens hinein, die als „dialektisch" bezeichnet werden. Das Dialektische ist einmal, in Anwendung auf die äußere Form, Verhandlungsprinzip der Gesprächsführung, und nun auch eine Idee über den angemessenen Umgang mit den Inhalten des Gespräches selber. Es gilt, dem gleichzeitigen Anspruch ihrer Einheitlichkeit und ihrer Widersprüchlichkeit gerecht zu werden. Das Angemessene besteht hier ebenfalls in einer Form des geistigen Umganges, die als Balance zwischen Extremen bezeichnet werden kann. Einerseits will die Trennung der Dinge, ihre Widersprüchlichkeit und Gegensätzlichkeit erkannt sein, andererseits soll der Zusammenhang des Ganzen nicht aus dem Blick geraten.

In einer der wunderbaren Aufzeichnungen von Gesprächen des Sokrates, dem Dialog „Phaidros", die Plato niedergeschrieben hat, bezeichnet Sokrates die dialektische Methode als eine besondere Form der geistigen Gewandheit, die der wahren Natur der Dinge angemessen ist:

---

[12] Eine Zusammenstellung der verschiedenen Konzepte und Prinzipien des Gesprächs im Lauf der europäischen Geistesgeschichte, zusammen mit einer hervorragend konzisen und klaren Einleitung bietet Claudia Schmölders (Hrsg.), Die Kunst des Gesprächs. Texte zur Geschichte der europäischen Konversationstheorie.München: Deutscher-Taschenbuch-Verlag 1979

„Von diesen Dingen bin ich ja selbst ein Liebhaber, Phaidros, von den Zerlegungen und Zusammenführungen, damit ich imstande sei, zu reden und zu denken; und wenn ich irgendeinen für fähig halte, die Einheit mit gleichzeitigem Blick auf die Vielheit zu sehen, dem gehe ich nach, auf dem Fuße ihm folgend wie einem Gotte. Und wirklich, ob ich diejenigen, die imstande sind, dies zu tun, richtig benenne oder nicht, mag Gott wissen, ich nenne sie jedenfalls einstweilen Dialektiker." [13]

„Die Einheit mit gleichzeitigem Blick auf die Vielheit zu sehen" ist eine Kunst, die unseren geistigen Horizont wie keine andere zu erweitern vermag. Sie zielt darauf ab, den Rahmen eines Problemes zu überschreiten. Mit der Formulierung eines Problems ist oft genug der Rahmen des Gegensatzes einer Entweder–Oder–Entscheidung abgesteckt. Und selbst wo diese Gegensätzlichkeit in der Formulierung einer Frage vermieden ist, findet eine Festschreibung des Horizonts der Vorstellungen statt. Aus dieser definitorischen Bestimmtheit und Begrenztheit vieler unserer Überlegungen ist die erstaunliche Beobachtung zu erklären, daß Probleme des wirklichen Lebens nur selten in dem Sinne „gelöst" werden, wie man etwa für das Problem einer Gleichung mit mehreren Unbekannten eine Lösung finden kann. Ist es nicht vielmehr öfters der Fall, daß diese Probleme aus dem Gesichtskreis verschwinden, weil andere, neue Probleme an ihre Stelle getreten sind, die unsere Gedanken an sich binden? Das Neue, das sich da aufdrängt und das Alte verblassen läßt, war bereits vorher da, aber es lag außerhalb unseres Gesichtskreises. So stellt sich die Frage: Wie kann die Beschränktheit unseres

---

[13] Platon: Phaidros. Übersetzung nach F. Schleiermacher mit der Stephanus-Numerierung, 266 b

Horizonts überwunden werden? Das dialektische Denken erscheint als ein Instrument, mit dessen Hilfe die noch nicht aktualisierten Möglichkeiten erschlossen werden können. Es läuft darauf hinaus, die Problematik eines Sachverhalts so zu fassen, daß die jenseits seiner aktuellen Erscheinungsform gelegenen Aspekte in den Blick kommen.

Das dialektische Verfahren ist deshalb zugleich in einem allgemeinen, die Anwendung im Schulunterricht überschreitenden Sinne, ein didaktischer Ansatz. Sokrates hat ihn mit seiner berühmten „Hebammenkunst" praktiziert, einem Verfahren, das darauf hinauslief, mit Hilfe „sokratischer" Gespräche, d.h. in dialektischer Gesprächsführung, Erkenntnisse und Vorstellungen aus den Gesprächspartnern gleichsam herauszuholen, die schon immer in ihnen selber vorhanden schienen. Man nimmt auf einmal einen Zusammenhang in aller Deutlichkeit wahr, der vorher schon in einer Ahnung angelegt schien. Komplexe und abstrakte Sachverhalte sind uns zugänglich, nachdem wir sie auseinanderlegt, und die ihnen innewohnende Gegensätzlichkeit als Opposition verhandelt haben.

Der kanadische Erziehungswissenschaftler Kieran Egan hat bei seinem verwandten didaktischen Ansatz darauf hingewiesen, daß das Muster binärer Oppositionen es selbst kleinen Kindern ermöglicht, verwickelte und komplexe Charakterstrukturen zu verstehen und höchst abstrakte Konzepte wie etwa „Gut" und „Böse" zu begreifen, wenn sie auf entsprechend auseinandergelegte Weise in den Märchen präsentiert sind.[14] Daraus ergibt sich die Absicht, die Kraft binärer Oppositionen für die Imagination und die Nachdenklichkeit zu nutzen. Sie könnte ein Programm nach sich ziehen, das den gesamten Unterricht umgestaltet. Bei dessen Arrangement käme es darauf an, die wirkungsmächtigen Gegensätze aufzuspüren, die in einem gegebenen Sachverhalt oder Konzept enthalten sind, um sie auf solche Weise herauszustellen, daß es möglich wird, im Angesicht der deutlich gewordenen Konturen des Gegensatzes von Entweder–Oder eine Diskussion anzuknüpfen. Bei der Erörterung der Extrem–Positionen wird dann stets der Versuch provoziert, die Gegensätzlichkeit zu überwinden. Je wirkungsmächtiger der Gegensatz selbst ist, umso nachhaltiger die Mühe, das verbindende Kontinuum zu ermitteln, den Zusammenhang des Ganzen zu sehen.

Die Gestalt des gelungenen Gespräches verfolgen zu können, heißt, die Einheit mit gleichzeitigem Blick auf die Vielheit vor Augen zu haben. Aus dem späten Mittelalter ist eine zeichnerische Darstellung dieses Spannungs–Verhältnisses überliefert, die als eine Art „Eselsbrücke" dabei helfen kann, den dialektischen Zusammenhang der Oppositionen nicht aus dem Auge zu verlieren. Es ist der „Schild des Glaubens", mit dem der Magister Hieronymus von Prag versucht hat, das Wesen der Dreifaltigkeit Gottes auf rationalem Wege zu erklären. Hieronymus hat seine Darstellung mit einer Reihe von Analogien verbunden, die den Anspruch seiner Erklärung auf generelle Gültigkeit unterstreichen. So sind Regen, Schnee und Eis verschiedene Erscheinungsformen von Wasser; als Wasser sind sie gleich, aber eben nicht ohne echte Verschiedenheit in den Gestalten von Schnee und Regen. Wegen des kühnen Versuchs, in den katholischen Glauben auf diesem Wege Momente des Verstandes gewissermaßen einzu-

---

[14] Kieran Egan: Teaching as Story Telling. An alternative approach to teaching and curriculum in the elementary school. London, Ontario. The Althouse Press 1986

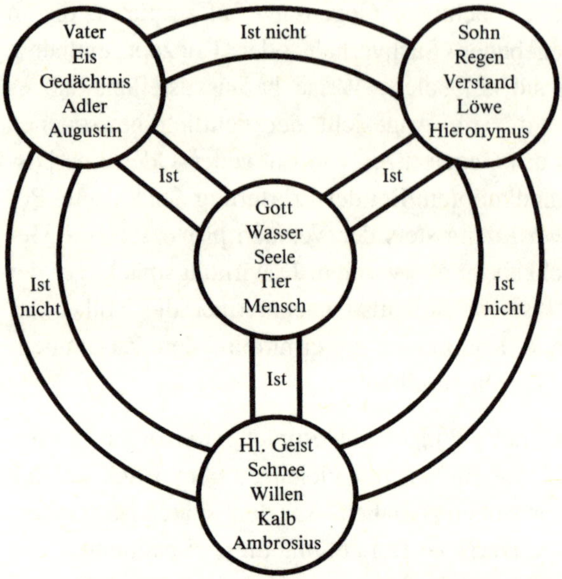

Der „Schild des Glaubens"
des Magisters Hieronymus von Prag,
Anfang des fünfzehnten Jahrhunderts [15]

schmuggeln und wegen der Einbindung dieses Unternehmens in eine Weiterentwicklung der Lehre Wyclifs über soziale Fragen und Gottes Gesetz ist Hieronymus im Jahre 1416 — ein knappes Jahr nach Jan Hus — auf dem Scheiterhaufen in Konstanz verbrannt worden. Sein Entwurf der dreifaltigen Verhältnisse vermag das Wesen des Dialektischen auf eine ebenso einfache wie elegante Art zu erklären.

---

[15] Die Abbildung folgt der Darstellung aus: Jiri Kejr: Die Hussitenrevolution. Prag: Presseagentur Orbis 1988, 58 und 59; dort auch die fotografische Wiedergabe des böhmischen Originals

6.

„Zwei in Einem“ oder Nachdenklichkeit als Tugend

Wozu dient das Nachdenken? Welche Funktion könnte ihm zukommen außer der, gleich der Kunst eine sich selbst genügsame Übung darzustellen? Die Frage ist – das liegt auf der Hand gerade für die Rechtfertigungs–Zwänge von Interesse, denen sich dem Philosophieren zugeneigte Pädagogen seit dem gegen den Sokrates erhobenen Vorwurf, er verderbe die Jugend mit seinen Grübel–Gesprächen, hin und wieder ausgesetzt sehen. Worauf läuft das dialektische Spiel hinaus, das wir spielen?

Die Philosophin Hannah Arendt hat, offenbar ohne die Absicht, damit eine Pädagogik der Nachdenklichkeit befördern zu wollen, mit ihrem Werk „Das Leben des Geistes“ ein mächtiges und für unsere Zwecke hilfreiches Argument entwickelt. Sie versucht, dem Rätsel des Bösen in der Welt auf die Spur zu kommen, indem sie an dem bekannten Beispiel des Adolf Eichmann eine Untersuchung ansetzt. Eichmann, Organisator des systematischen Genozid an den Juden während des Zweiten Weltkrieges, war keineswegs der vom Bösen besessene Dämon, den man sich hätte vorstellen mögen. Hannah Arendt, die ihn beobachtete, während ihm 1961 der Prozeß gemacht wurde, nimmt Eichmann in Jerusalem vielmehr als eine vollkommen gedankenlose und durch ihre Banalität bösartige Erscheinung wahr. So beschreibt sie ihn mit der Formel von der „Banalität des Bösen“ Anfang der sechziger Jahre, und ein Jahrzehnt später baut sie ihr Argument mit zahlreichen Belegen und mit Hilfe machtvoller Argumenta-

tionsmuster aus, demzufolge das Denken bei der Bildung des Gewissens die entscheidende Rolle spielt.
Zu Beginn ihrer Untersuchung formuliert sie die Frage, die sie klären möchte:

„Ist böses Handeln ... möglich, wenn nicht nur „niedrige Motive“ (wie es im Rechtswesen heißt) fehlen, sondern überhaupt jedes Motiv, jede spezielle Aktivität des Interesses oder Wollens? Ist Bosheit, wie immer man sie definieren möge, ist dieser „Wille zum Bösen“ vielleicht keine notwendige Bedingung des bösen Handelns? Hängt vielleicht das Problem von Gut und Böse, unsere Fähigkeit, Recht und Unrecht zu unterscheiden, mit unserem Denkvermögen zusammen? ... Könnte vielleicht das Denken als solches — die Gewohnheit, alles zu untersuchen, was sich begibt oder die Aufmerksamkeit erregt, ohne Rücksicht auf die Ergebnisse und den speziellen Inhalt — zu den Bedingungen gehören, die die Menschen davon abhalten oder geradezu dagegen prädisponieren, Böses zu tun?“ [16]

In ihrer Untersuchung deckt sie die Verbindung auf, die sich in der Verwandtschaft der Begriffe „Wissen“ und „Gewissen“ bzw. im Englischen „consciousness“ und „conscience“ andeutet. Hannah Arendt bedient sich bei der Entfaltung ihres Argumentes der alten Form des logischen Dreischrittes, eines sogenannten Syllogismus.[17]

Zuerst zeigt sie, daß dem Nachdenken der Drang, die Hinwendung zum Schönen und Guten innewohnt. Ohne diese latente Sehnsucht können wir uns den denkenden Menschen nicht vorstellen. Als ihren Kronzeugen führt Arendt den Sokrates an: „Es scheint, als hätte Sokrates über den Zusammenhang zwischen Schlechtigkeit und Gedankenlosigkeit nur dies zu sagen, daß Menschen, die nicht

Schönheit, Gerechtigkeit und Weisheit lieben, unfähig zum Denken seien, genau wie umgekehrt diejenigen, die die kritische Untersuchung lieben und somit „philosophieren", nichts Schlechtes tun könnten."[18]

Zweitens stellt der Vorgang des Denkens eine Tätigkeit dar, die die Neigung zum Guten durch einen dialektischen Automatismus begünstigt, der die Herausbildung des Gewissens nach sich zieht: Die auf Überwindung von Widersprüchen hin angelegte Zwiesprache des Menschen mit sich selber enthält nämlich den Keim für den dauernden

---

[16] Hannah Arendt: Vom Leben des Geistes. Band 1, Das Denken. München, Zürich: Piper, Neuausgabe 1989, 15

[17] Ein Syllogismus leitet das Besondere aus dem Allgemeinen in drei Schritten ab. Die erste Prämisse enthält den Obersatz, die zweite Prämisse den Untersatz, die Conclusio oder der Schlußsatz bildet aus diesen beiden ein Urteil. Ein berühmtes Beispiel ist folgender Syllogismus des Sokraktes: „Alle Menschen sind sterblich" (Erste Prämisse); „Sokrates ist ein Mensch" (Zweite Prämisse); „Sokrates ist also sterblich" (Conclusio oder Schluß). Es ist darauf hingewiesen worden, daß dies Beispiel keineswegs eine Banalität bezeichnet, sondern geradezu einen Schlüssel zum Tor der Mitmenschlichkeit zu enthalten scheint, weil die eigene Sterblichkeit den meisten Menschen über den längsten Teil ihres Lebens hin allenfalls als eine Art Hypothese erscheint, die zu widerlegen ihnen vielleicht gelingen möchte. Die Probe auf dies Exempel sei der Austausch des Wortes „Sokrates" durch das Wort „Ich" im angeführten Beispiel. (Vgl. Douglas R. Hofstadter/Daniel C. Dennett: The Mind's Eye. Fantasies and reflections on self and soul. Toronto u.a.: Bantam 1982, 30 – 33); auch die Haupt–These Canettis könnte ohne die Voraussetzung einer insgeheim von den meisten unterstellten eigenen potentiellen Unsterblichkeit nicht aufrecht erhalten werden: Elias Canetti: Masse und Macht. Frankfurt a.M.: Fischer 1980, ursprgl. 1960

[18] Arendt a.a.O., 179

Befragungs– und Rückkoppelungsprozeß, den wir als „Gewissen" bezeichnen. Der Umgang mit sich selbst umfaßt für jeden Menschen einen inneren Dialog, der „zwei in einem" verbindet. Um mit sich selbst in Einklang zu bleiben, inszeniert das Bewußtsein eine permanente Rechenschaftslegung, — eine Selbst–Befragung, welche die Einheit mit gleichzeitigem Blick auf die Vielheit verfolgt. Es ist jener dialektische Prozeß des inneren Zwiegespräches, der zu einer Ent–Zweiung mit sich selbst führen kann, zu einer inneren Friedlosigkeit, aber auch zur Herstellung des Einklangs mit sich selber, der für Immanuel Kant als „unwandelbares Gebot" des Denkens galt: „Jederzeit mit sich selbst einstimmig zu denken".
Arendt belegt diesen Ausdruck des Gewissens mit einer Reihe von Zitaten aus der Literatur, von denen wiederum ein Dialog des Sokrates, „Hippias Maior", die deutlichste Illustration gibt:

„Das Gespräch ist zu Ende, man bricht nach Hause auf. Sokrates sagt zu Hippias, der sich als besondes hartnäckiger Gesprächspartner erwiesen hat, wie „ungeheuer glücklich" er im Vergleich zum armen Sokrates daran sei, den zu Hause ein höchst unangenehmer Kerl erwarte, der ihn ständig verhöre. „Er ist ein naher Verwandter und wohnt im gleichen Haus." Wenn er nun von Sokrates die Ansichten Hippias' hören wolle, so werde er fragen, „ob er sich nicht schäme, über eine schöne Lebensart zu sprechen, wo doch die Befragung deutlich mache, daß er nicht einmal wisse, was das Wort ‚Schönheit' bedeutet". Wenn Hippias nach Hause kommt, bleibt er Einer, denn obwohl er allein lebt, sucht er nicht seine eigene Gesellschaft. Gewiß verliert er nicht das Bewußtsein; er hat nur nicht die Gewohnheit, es zu aktualisieren. Wenn Sokrates heim-

kommt, ist er nicht allein, sondern bei sich. Offenbar muß er sich mit diesem Gesellen, der ihn erwartet, irgendwie arrangieren, denn beide leben ja unter demselben Dach. Besser, man lebt in Zwietracht mit der ganzen Welt als mit dem einzigen, mit dem man zusammenleben muß, wenn man keine anderen um sich hat."[19]

Aus den beiden Wirkungen des Denkens, seiner Ausrichtung auf das Gute und Schöne und seiner Tendenz, sich in zwei zu teilen, um den Einklang herzustellen, folgt nun der Schluß, daß der Prozeß des Nachdenkens die Bildung des Gewissens bewirkt. Umgekehrt wird Gedankenlosigkeit zum Einfallstor des Bösen in die Welt.

Es ist die mit diesem Syllogismus begründete Hoffnung auf die Förderung der Gewissensbildung durch Erziehung zur Nachdenklichkeit, die unserem Projekt ein eigenes moralisches Gewicht verleiht. Dies ist angesichts der Situation einer Zeit von besonderer Aktualität, in der moralische Belehrungen – wie auch die Kraft von Vorbildern moralischen Handelns – offenbar immer weniger wirksam sind. Besonders interessant an dem Arendtschen Argument ist die Überlegung, daß auch ein Nachdenken über Probleme, die mit Ethik und Moral an und für sich wenig zu tun haben – also etwa Probleme von Sprache und Zeichen, Probleme der Wahrnehmung und der Schönheit, Probleme der Erkenntnis und der Logik – daß auch das Nachdenken über solche Probleme nicht ohne Auswirkung auf die Gewissensbildung bleiben wird.

---

[19] ibid. 187; der gesamte Abschnitt „Zwei in Einem" der Arendtschen Untersuchung, 179 – 192, stellt eine Sammlung von Belegen und Überlegungen zu der hier wiedergegebenen Argumentation eines Zusammenhangs von Nachdenken und Gewissen dar.

7.

Die Gemeinsamkeit des Nachdenkens als pädagogischer Fortschritt und die Grenzen des Projekts „Gemeinsam mit Kindern nachdenken“

Als Kinder sehen wir die Abgründigkeit der Sprache und die Rätselhaftigkeit der Welt deutlicher als in den Erwachsenenjahren, nachdem wir daran gewöhnt worden sind, die unerklärlichen Aspekte unserer Erfahrung auszublenden, um ein möglichst reibungsloses Leben in der Gesellschaft mit dem gegenwärtig angesagten Erkenntnisstand führen zu können. Deshalb sind Kinder für solche Erwachsene, die sich den Sinn für „Grübelfragen“ bewahrt haben, besonders interessante Gesprächspartner. Gareth Matthews, der Philosoph, der als erster über seine Gespräche mit kleinen Kindern ausführlich berichtet hat, hat über das Verhältnis von erwachsenen und kindlichen Denkern das folgende zu sagen:

„In echten philosophischen Diskussionen bewähren sich Kinder als ausgezeichnete Gesprächspartner. Kinder mögen nicht die Informationen oder die sprachliche Versiertheit der erwachsenen Partner haben, aber ihre Vorstellungskraft, ihr Sinn für Rätselhaftes und Entdeckung, ihr unverdorbener Sinn für Ungereimtheiten und Unpassendes und die Dringlichkeit ihres Verlangens, den Sinn aller Dinge zu erkennen, verschafft ihnen einen besonderen Vorteil. Wer nie Philosophie, richtige Philosophie, mit einem Kind oder einer Gruppe von Kindern betrieben hat, hat eine der schönsten Gaben, die das Leben zu bieten hat, verpaßt.“[20]

„Echte philosophische Diskussionen" sind nun nicht etwa die Gespräche der Fachphilosophen oder der Versuch, mit Kindern die Terminologie der Fachphilosophie einzuüben, – die Echtheit besteht einzig darin, daß sich die Diskussion um tatsächlich ungelöste Fragen dreht, wie z.B. folgende: Wie kann man sicher sein, daß nicht alles ein Traum ist? Oder: Können Pflanzen glücklich sein? Oder: Gibt es ein Ende des Weltalls? Oder, angesichts eines alten Schiffes, das vom Grunde des Meeres geborgen und Planke für Planke restauriert worden ist: Ist es das alte Schiff, oder ist es ein neues Schiff? (Dahinter erhebt sich, angesichts der Tatsache, daß sich die Zellen des menschlichen Körpers sämtlich durch Austausch permanent erneuern, die weitreichende Frage: Wie kann Identität überhaupt möglich sein?)

Beim Versuch, über derartige Fragen anhand von Geschichten, die als Opposition und mit „offenem" Ende konstruiert sind, mit Kindern in Schulklassen ins Gespräch zu kommen, haben manche Lehrerinnen das klare Ergebnis vermißt. In der Tat liegt das Unternehmen eines Gespräches über ungelöste Probleme sozusagen quer zum Schulbetrieb. Dessen Funktion besteht ja eher darin, die Leistungsfähigkeit von Kindern zu fördern und zu ermitteln anhand von Äußerungen und Antworten, deren Richtigkeit oder Unrichtigkeit erwiesen ist, als darin, über ungelöste Fragen zu grübeln und sich an vielleicht unlösbaren Problemen im Gespräch abzuarbeiten. Was allerdings

---

[20] Gareth B. Matthews: Mit Kindern über die Welt nachdenken. Philosophie als vernunftgemäße Rekonstruktion. In: „Grundschule", März 1989, 14 – 17; vgl. auch vom gleichen Verfasser „Denkproben" a.a.O., das ursprünglich unter dem Titel „Philsophy and the Young Child" im Jahre 1980 erschienen ist.

im Sinne des Schulsystems förderbar und meßbar bleibt, ist die Qualität der Argumente und des Gespräches. Sie aber ist eine subtile Angelegenheit, die mit den vergleichsweise grobschlächtigen Instrumenten unserer Vermittlungsdidaktik und des traditionellen Zensurensystems kaum gefaßt werden kann. Insofern, als die Funktion des Schulbetriebes an das Vorhandensein von genau umrissenen Lerninhalten und von Fragen mit eindeutig als „richtig“ oder „falsch“ bewertbaren Antworten gebunden ist, dürften die mit der Einführung eines Faches „Gemeinsam Nachdenken mit Kindern“ in den Lehrplan verbundenen Schwierigkeiten kaum gelöst werden können. Die Sache, um die es geht, verlangt entweder die Überwindung der inneren Grenzen des Schulsystems (vor allem die Überwindung der Trivialität der in der Schule verhandelten Inhalte), oder die Einrichtung anderer Formen außerhalb der Schule.

Es ist deshalb kein Zufall, wenn wichtige Erfahrungen über das „Philosophieren mit Kindern“ in Kinder–Betreuungskreisen, in Gesprächszirkeln und bei Wochenend–Seminaren gewonnen werden, die für Familien zu eben diesem Zwecke angeboten sind. Manchmal scheinen derartige Entwicklungen in der Pädagogik gewissermaßen „in der Luft“ zu liegen. Vielleicht sind die Versuche von Matthews, die systematischen Logik–Übungen, die Lipman [21] mit seinen Kinderbüchern verbindet, die Übungen zur Entwicklung der technischen Kreativität nach DeBono [22], – vielleicht sind diese als die am weitesten ausformulierten Ansätze einer weltweit voranschreitenden Bewegung zu verstehen, – einer Bewegung, die an vielen Stellen einen Ausdruck findet und von der die Gespräche zwischen Kindern und Erwachsenen innerhalb vieler Familien beeinflußt sind. Der Schlüssel zum Verständnis dieser Bewegung steckt in dem Begriff des gemeinsamen Nachdenkens. Gemeinsamkeit schließt hier die Bereitschaft ein, sich auf eine Wechselseitigkeit des Lernens einzulassen. So, wie Kinder von den überlegenen Kenntnissen der Erwachsenen profitieren können, von der Genauigkeit und der Weite des Informationsstandes, können umgekehrt

[21] Matthew Lipman ist Leiter des „Institute for the Advancement of Philosophy for Children", das eine Reihe von Büchern und Lehrerhandbüchern herausgibt. Hier erscheint auch die Zeitschrift „Thinking", die ein Forum für sämtliche Überlegungen und Entwicklungen im Bereich der Kinderphilosophie darstellen will: „Institute ...", Montclair State Colle, Upper Montclair, N.J. 07043, U.S.A.; um die spezifische am Disput orientierte Ausrichtung dieses Instituts zu sehen, ist folgendes Zitat hilfreich: „Es gehört zur Verantwortung von Lehrern, darauf zu achten, daß ihre Schüler über die Mittel zur Selbstverteidigung in philosophischen Diskussionen verfügen. Daher besteht eine Rechtfertigung für den Logik-Unterricht darin, daß die Logik Kinder nicht allein zum strengen folgerichtigen Denken anhält, sondern sie in die Lage versetzt, auch ihre jeweiligen Gegner zu solchem Denken zu zwingen." Aus: Matthew Lipman, Ann Sharp: Some Educational Presuppositions of P4C. In: „Thinking. The Journal of Philosophy for Children", Vol. 1, No. 2, 49 (Übers. H.S.)

[22] Edward DeBono: Kinderlogik löst Probleme. Bern und München: Scherz 1973; ders.: CoRT Thinking. London: Pergamon Press 1975. Ein paar Beispiele typischer Aufgaben aus dem Repertoire DeBonos:
– Wiege einen Elefanten!
– Halte Hund und Katze vom Kämpfen ab!
– Entwirf eine Spaß–Maschine!
– Entwirf eine Weltraum–Rakete und rüste sie aus!
– Verbessere den menschlichen Körper!
– Bau ein Spezialfahrrad für Briefträger!

auch Erwachsene aus der Diskussion mit Kindern einen Gewinn haben, indem sie sich anstecken lassen von ihrer Neugier, ihrer Fähigkeit zu staunen und ihrer Sensibilität für Widersprüche, die man zu übersehen sich angewöhnt hat. Die kulturgeschichtliche Funktion des sich ausbreitenden gemeinsamen Nachdenkens mit Kindern könnte darin bestehen, die Wechselseitigkeit des Lernverhältnisses gegenüber der Wirklichkeit voranzutreiben. Der Dialog entbindet die Erwachsenen von der Bürde, Kinder belehren zu müssen, und öffnet eine Möglichkeit im Verhältnis von Kindern und Erwachsenen, die das Projekt der Pädagogik im herkömmlichen Verständnis zum Abschluß bringt.

Mit seiner „psychogenetischen Geschichte der Kindheit" hat Lloyd deMause eine „Evolution der Formen der Eltern–Kind–Beziehungen" vorgelegt, die eine Art allmählichen Erwachens aus einem Alptraum beschreibt.[23] Demzufolge kommt es im Laufe der Geschichte zu einer Entwicklung, die von der Phase des „Kindesmordes" über die der „Weggabe", der „Ambivalenz", der „Intrusion", zu der der „Sozialisation" und schließlich – wir stehen deMause zufolge an der Schwelle des Übergangs – zu der der „Unterstützung" fortschreitet. Die Eltern versuchen in dieser letzten Phase, den Bedürfnissen ihrer Kinder gerecht zu werden, ohne aus ihnen Werkzeuge zur Befriedigung ihrer eigenen Bedürfnisse zu machen. Eine solche fortschrittsgläubige Interpretation der historischen Entwicklung wird nicht ohne Widerspruch bleiben. Es genügt, hier an die bekannte Darstellung über „Die Geschichte der Kind-

[23] Lloyd deMause (Hrsg.), Hört ihr die Kinder weinen. Eine psychogenetische Geschichte der Kindheit. Frankfurt a.M.: Suhrkamp 1980, insbes. Kapitel „Evolution der Kindheit", 12 – 111

heit" von Philippe Ariès zu erinnern. Andererseits liegt die Verwandtschaft zwischen der Betrachtungsweise eines de Mause und eines Sigmund Freud ebenfalls offen zutage, obwohl Freud eine eher skeptische und zutiefst kulturpessimistische Sicht pflegte. Die Verwandtschaft liegt in der Korrespondenz der Krisen der Kindheit mit denen des Erwachsenenlebens. In psychoanalytischer Sicht reaktualisiert jede seelische Krise des Erwachsenen den Inhalt einer Kindheitskrise, die unbewältigt geblieben ist. Das Leben erscheint so als Ausdifferenzierung und immanente Wiederholung einer Kette von Erfahrungen, die im Alter von vier Jahren bereits festgeschrieben sind: Kinder und Erwachsene kauen gleichsam an der gleichen harten Speise von Liebe und Tod, Schuld und Sühne. Ob die Spiegelbildlichkeit der Lebenskrisen von Kindern und Erwachsenen auf eine Annäherung hinauslaufen wird, wie es deMause aus dem Gang der Dinge herausliest, mag dahingestellt bleiben. Die Entsprechung und wechselseitige Durchdringung der Erfahrungsebenen ist so oder so in der psychoanalytischen Theorie angelegt. Die Vorstellung, das Projekt der Pädagogik im herkömmlichen Sinne zum Abschluß zu bringen, ist nicht unbedingt an das Heraufkommen einer unerhört neuen Phase der historischen Entwicklung gebunden. Es ist möglich, diesen Abschluß als eine „Aufhebung" der Pädagogik zu denken, die unserer Erfahrung prinzipiell stets zugänglich ist, und deren Zugänglichkeit und Greifbarkeit hier und dort immer wieder sich erwiesen hat. Ein solches Verständnis ist mit dem folgenden Zitat gegeben, das einem wunderbaren Bericht über die Wirklichkeit der Erziehung im London des Zweiten Weltkrieges entnommen wurde. Die Verfasserin, Marie Paneth, berichtet von ihrer Arbeit mit „schwierigen" Kindern und Jugendlichen, und von ihren Auseinandersetzungen mit den schmerzhaft uneinsichtigen Vertretern der Behörde für Jugend und Soziales.

Auf dem Wege zu „ihren" jungen Rowdys fällt Frau Paneth im Lichte derartiger Erfahrungen eine neue Deutung des Ausspruches Jesu ein, „Lasset die Kindlein zu mir kommen, und wehret ihnen nicht, denn solcher ist das Himmelreich Gottes". Plötzlich wird ihr bewußt, daß Jesus gerade von einem Disput mit den Pharisäern kam, der ihn mit Bitterkeit erfüllt haben mußte, und daß er die bevorstehende Begegnung mit Kindern ebenso als wohltuend und als Erfüllung in sich selbst wahrnehmen mochte wie sie selber die Aussicht auf ihre Schützlinge im Kontrast zu der Auseinandersetzung mit den Vetretern der Sozialbehörde:

„Es bedeutete eine Erleichterung für ihn, mit Kindern zusammen zu sein, weil sie ihren Weg gerade eben begonnen haben und so neu auf der Welt sind, daß man ihre Geschichte überblicken und ihnen ihre Taten vergeben kann. Es ist leicht, sie zu lieben, „denn solcher ist das Himmelreich Gottes", und er wollte ihre Gesellschaft für das, was sie ihm geben konnten, in einem der deprimierendsten Augenblicke seines Lebens."[24]

Hier blitzt gewissermaßen eine Möglichkeit der Erfüllung des Projektes der Pädagogik durch eine Begegnung auf, die Erwachsenen und Kindern gleichermaßen einen Gewinn in der Gegenwart gibt, ohne daß deshalb der Unterschied zwischen ihnen eingeebnet sein müßte.

---

[24] Marie Paneth: Branch Street. A Sociological Study. London: Allen & Unwin Ltd, 4th imp. 1947, 61/62

So weit das Material, aus dem das Fundament für ein Projekt namens „Gemeinsam mit Kindern nachdenken" errichtet werden kann. Fassen wir zusammen, indem wir aus dem Gesagten die Quintessenz in Gestalt von Merksätzen herausziehen, so ergibt sich folgendes Gerüst:

Das Unternehmen beruht auf drei Ideen, die miteinander verbunden sind und also einen dreifachen Grundgedanken bilden:

1. Die klassische Leitvorstellung: Die Übung des Gesprächs ist für sich erstrebenswert, weil in einem gelungenen Gespräch das Wesen des Menschlichen zum Vorschein kommt;

2. die moralische Leitvorstellung: Das Nachdenken über die Gegensätzlichkeiten in der Erfahrung bildet das Gewissen;

3. die pädagogische Leitvorstellung: Die Gemeinsamkeit des Nachdenkens über ungelöste Fragen bedeutet die Aufhebung und Vollendung der Pädagogik.

Dieser dreifache Grundgedanke bezeichnet eine Inhaltlichkeit, die mit einer besonderen Methode korrespondiert. Zu deren Besonderheit gehört einerseits das Narrative als Mittel zur Verwicklung in den Prozeß des Denkens – die „Geschichte zum Nachdenken" als Königsweg –, andererseits ein dem dialektischen Denken entsprechendes Arrangement – die Darstellung von Oppositonen, von Dilemmata, von Gegensätzlichkeiten, aber nicht ohne den Blick auf das Ganze des jeweiligen Sachverhalts.

Die Grenzen des Projekts „Gemeinsam mit Kindern nachdenken" liegen dort, wo das verantwortliche Handeln beginnt. Das Denken der Menschen ist mit ihrem Tun verbunden, aber Nachdenklichkeit kann Tätigkeit nicht ersetzen. Die Sensibilität für das, was vernommen werden und zum Vorschein kommen möchte, fördert die Nachdenklichkeit und mit ihr die Menschlichkeit von Menschen, aber den Nachweis ihrer Menschlichkeit kann erst die Praxis erbringen. Wie schon im Falle der Trivialität von Schulfragen im Verhältnis zu den echten Problemen der Erfahrung stehen wir an dieser Stelle wieder zugleich an den Grenzen unseres Erziehungswesens.

Es ist diesem Text angemessen, die Erörterung mit einer Geschichte abzuschließen. Das Ende des Romans „Das Glasperlenspiel" von Hermann Hesse wäre wohl dazu geeignet, wenn man die Grenze zwischen Denken und Handeln als unüberbrückbar betrachtet, denn der Magister Ludi Josef Knecht, nachdem er durch dienende Hingabe an den Anspruch des Glasperlenspieles die höchsten Stufen auf dessen Erfolgsleiter erklommen hat, ertrinkt am Schluß, als er ein Kind zu retten versucht. Näher an unserer Sache scheinen aber die Erfahrungen zu liegen, von denen Lawrence Kohlberg berichtet, zumal ihnen jene Ambivalenz innewohnt, aus der eine Opposition konstruiert werden kann. Nachdem er sich von der Beschreibung und Feststellung der Stufen der Moralentwicklung abgewandt und sich der Einrichtung von „Gerechten Schulgemeinschaften" zugewandt hatte, in denen die Kraft der Gemeinschaft den Anspruch der Gerechtigkeit in der Praxis verfolgen sollte, kam es zu folgendem Fall:
In einer der „gerechten Schulgemeinschaften", der Cambridge Cluster School, die zur Hälfte aus „Straßenkindern" bestand, hatte ein schwarzer Schüler namens Greg die von der Schulgemeinschaft gesetzten Regeln mehr-

fach gebrochen. Greg hatte gestohlen, Boxkämpfe vom Zaun gebrochen und mehr als zehnmal die Schule geschwänzt. Trotzdem hing er an der Schulgemeinschaft, kümmerte sich darum, daß kein Marihuana geraucht wurde, und gab sich Mühe, eine faire Verhandlung zu führen, wenn er den Vorsitz in einem der Ausschüsse innehatte, die das Schulleben regelten. Jetzt war er selber zum Fall für den Disziplin–Ausschuß geworden, der aus fünf Schülern und einem Lehrer – bei jeweils gleichem Stimmrecht – bestand. Sein Schulausschluß wurde beschlossen, er legte Einspruch ein, die Sache sollte von der Vollversammlung der Schulgemeinschaft verhandelt werden. Da sagte Kohlberg, daß die Angelegenheit eine Prüfung der Kraft der Gemeinschaft darstelle. Es gehe darum, eine gemeinschaftliche Verantwortung zu übernehmen. Die anderen Schüler sollten ihn mitnehmen, ihn dazu bringen, zur Schule zu gehen. Die Mehrheit aber sah die Sache anders. Man befand für richtig, daß die Gemeinschaft ihre selbstgesetzten Regeln anwandte und Greg ausschließen sollte. Greg brachte seinerseits vor, daß dies die einzige Schule war, die ihm je etwas bedeutet hatte. Als die Abstimmung gegen ihn ausfiel, weinte er. Später verlagerte er sein Leben auf die Straße. Schon nach drei Jahren landete er wegen bewaffneten Raubüberfalls im Gefängnis.[25]

Zu einer anderen Zeit, in einer anderen „gerechten Schulgemeinschaft“, stand der Ausschluß einer Schülerin namens Lisa auf der Tagesordnung der Vollversammlung.

Als eine Mitschülerin vorschlug eine Unterstützungs–Gruppe zu bilden, die sich um Lisa, ihr Betragen und ihren regelmäßigen Schulbesuch kümmern sollte, sagte ein Schüler, er habe bisher nicht gewußt, daß es sich bei

---

[25] Vgl. Kohlberg a.a.O., 45/46

der Schule um eine „therapeutische Gemeinschaft" handeln sollte. Ein anderer antwortete: „Es ist keine therapeutische Gemeinschaft. Es ist eine Gemeinschaft. Das bedeutet, daß wir uns alle um jeden kümmern, ob er Probleme hat oder nicht." Die Abstimmung fiel für Lisas Verbleiben aus. Lisa traf sich wöchentlich einmal mit ihrer Unterstützungs–Gruppe. Von dieser Zeit an nahm sie den Unterricht regelmäßig wahr, ihre Leistung stieg und ihr Verhalten besserte sich.[26]

[26] ibid., 71–74

Nachbemerkung

Das Fundament für das Projekt „Gemeinsam mit Kindern nachdenken" hat uns Helmut Schreier sehr schön aufgebaut. Ich möchte nur noch hinzufügen, daß der Anlaß zum gemeinsamen Nachdenken mit einem Kind auch wohl eine Bemerkung des Kindes sein kann.

Als unsere älteste Tochter Sarah vier Jahre alt war, kriegte ihre Katze Fluffy Flöhe. Es folgte ein primitives Vernichtungsritual, das Anlaß zum folgenden Gespräch gab:

Sarah: „ Vati, wie kriegte Fluffy die Flöhe?"

Ich: „Nun, ich vermute, sie hat mit einer Katze gespielt, die schon Flöhe hatte. Die Flöhe dieser Katze sprangen hinüber zu Fluffy."

Sarah (nach kurzer Überlegung): „Und wie kriegte jene Katze Flöhe?"

Ich (mich freuend auf den Regressus): „Nun, wahrscheinlich von einer anderen Katze."

Sarah (allmählich ungeduldig): „Aber Vati, es kann nicht immer so weiter gehen. Das einzige, was immer so weiter geht sind die Zahlen."

Dieses kurze Geplänkel flößte mir neuen Respekt vor dem kosmologischen Argument ein, aber auch vor meiner Tochter.

Kann man schon vorher wissen, ohne die Evolutionstheorie richtig studiert zu haben, daß es einmal den ersten

Floh gegeben hat? Und wenn so, wie kann man das wissen? Kann man schon wissen, ohne die Mathematik studiert zu haben, daß die Zahlen immer weiter gehen? Und wenn so, wie kann man das wissen?
Diese Fragen, wenn so formuliert, sind ebenso schwierig für einen Erwachsenen zu beantworten wie für ein Kind – und auch ebenso interessant!
Wenn wir richtig darauf eingestellt sind, kann der Anlaß zum gemeinsamen Nachdenken ein völlig unerwartetes und rein erfreuliches Geschenk von einem Kind sein – besonders erfreulich, weil es so ganz unerwartet gewesen ist.

GARETH B. MATTHEWS

Über einige Vorarbeiten und erste Versuche

H. Schreier: Kinder entwerfen die Zukunft. In: „Grundschule“, September 1980, 374 - 377;

B. Köhler, H. Schreier: Philosophie in der Grundschule. In: „Zeitschrift für Didaktik der Philosophie“, August 1982, 166-175;

H.Schreier.: Erde und Sonne. Beobachtungen zur Kosmosvorstellung von Ausländerkindern. In: „Sachunterricht und Mathematik in der Primarstufe“ („SMP“), Januar 1985, 32 - 38;

ders.: Zum Naturbezug des Philosophierens mit Kindern. In: K. Spreckelsen (Hrsg.), Schülervorstellungen im Sachunterricht der Grundschule. Kassel: GhK–Bibliothek 1985, 20 - 32;

ders.: Wege zum Naturschönen. In: „Grundschule“, Februar 1986, 20-22.
Zu den Berichten vgl.: H.Schreier: Die Reise in der Zeitmaschine. In: „Die Grundschulzeitschrift“, Februar 1987, 37;

S. Neuwerk, H.Schreier: Geschichten zum Nachdenken mit Kindern. In: „SMP“, Juni 1987, 240 - 244;

dies.: Geschichten zum Nachdenken mit Kindern II. In: „SMP“, November 1987, 476 - 482;

H. Schreier: Die Sprache der Bäume. In: Gelberg (Hrsg.), Die Erde ist mein Haus. Weinheim: Beltz & Gelberg 1988, 158/159;

B. Ebbinghaus, S. Neuwerk, H.Schreier: Geschichten zum Nachdenken — Die Kinderinsel. In: „SMP“, November 1988, 476 - 482;

H.Schreier: Geschichten zum Nachdenken — Schweinefleisch, In: „SMP“, Januar 1989, 2 - 7;

ders.: The Open Ended Story Generates Creative Ideas. In: „The International Journal of Social Education“, Autumn 1988, Vol. 3, No. 2, 24 - 33;

ders.: „Alles was ist, gehört sich selbst". Eine Methode, mit Kindern über Umwelt und Ethik ins Gespräch zu kommen. In: „Die Grundschulzeitschrift", Juli 1989, 42 - 45;

ders.: Geschichten im Sachunterricht. In:"SMP", Juni 1989, 240 - 249;

B. Ebbinghaus, K. Paarmann, H.Schreier: Kinder philosophieren phantastisch. In: „Die Grundschulzeitschrift", Oktober 1989, 27 - 29;

H.Schreier: Die Rechte der Tiere. Unterrichtseinheit zur Umwelterziehung in Klasse 6 - 8. In: Die andere Seite der Umwelterziehung. Düsseldorf: Cornelsen 1991, 23 - 31;

ders.: Umweltethik. Zur Bestimmung von Unterrichtszielen angesichts der Unentschiedenheit der ethischen Diskussion. Was soll, was kann der nachwachsenden Generation vermittelt werden? In: Gesing/Lob (Hrsg.), Umwelterziehung in der Primarstufe. Heinsberg: Dieck 1991, 64 - 89;

Das Geschichtenbuch

Helmut Schreier

Himmel, Erde und ich

Geschichten zum Nachdenken über den Sinn des Lebens, den Wert der Dinge und die Erkenntnis der Welt

Inhalt

Im Labyrinth des Nachdenkens (Einführung)

Aus der Schule: Der erste Schnee / Die Sprache der Bäume / Tischfußball / Perfekt / Kaleidoskop / Der Schlafräuber / Waljagd / Unverwechselbar / Noch mehr Unverwechselbares / Schweinefleisch / Die erste Pflanze / Der sechste Sinn / Ewigkeit / Zwischen den Zeilen / Unter Beobachtung / Warum?

Gespräche mit Eltern: Ausländer / Schach / Die schrecklichen Tiere / Hochzeit / Hermann / Die Flaschenpost / „Indianer-Uhren" / Werwolf / Kerzenflamme

Kinder unter sich: In der Eisenzeit / Die Kunst der Verwandlung / Frankreich / Die Sprache der Löwen / Ohne Ende / Tot-Sein / Der Aufkleber / Bäume fällen / Die Reise in der Zeitmaschine / Das Einhorn / Der Seestern / Teerklumpen / Die Spur der Schneeflocken / Eisschollen / Wenn es regnet / Wie schön ist es im Paradies?

Verlag der Agentur Dieck

Eine Vorankündigung

Philosophieren mit Schulkindern
Philosophie/Ethik in Grundschule
und Sekundarstufe I

Dieser Sammelband wird herausgegeben von Ekkehard Martens und Helmut Schreier. Er enthält Beiträge von

Barbara Brüning, Werner Busch, Daniela Camhy, Barbara Ebbinghaus, Ludwig Freese, Margrit Geißler, Renate Holzbach, Detlef Horster, Gerd Jansen, Jutta Kähler, Karel van der Leeuw, Matthew Lipman, Ekkehard Martens, Gareth Matthews, William Michael, Susanne Nordhofen, Walter Popp, Gerhard Schneider, Helmut Schreier und Eva Zoller.

Erscheint 1994 im Verlag der Agentur Dieck

Wunder-Welt-Natur-Welt-Wunder

Ingrid Schweitzer (Hrsg.)

Wachsen, blühen und gedeihen

Naturerkundung in der Grundschule. 1988. 176 Seiten, kart. DM 26,—

„... Die Autoren unterrichten in verschiedenartigen Schulen — auch Landschulen — in Deutschland. Auffallend ist ihr Mut zum Unüblichen, zu neuen Wegen (z. B. gemeinsamer Unterricht einer 4. und einer 12. Klasse). Selbsttätigkeit der Schüler steht im Vordergrund, wird Grundlage zum Erleben der Abhängigkeit des Menschen, einer Umwelterziehung ohne Verbote..."

Basler Schulblatt

Erziehung in schwieriger Zeit

Wolfgang Pelzer

Im Dschungel der Erziehung

Streiflicher zur pädagogischen Situation der Gegenwart. 1992. 127 Seiten, kart. DM 20,—

„... Pelzer nimmt klar gegen die Antipädagogik Stellung: Es ist für ihn eine ‚gewaltige Selbsttäuschung, wenn man meint, man würde im freien Gewährenlassen und mit der Absicht, Kindern eine weitgehend unbeeinflußte Selbstentwicklung zu ermöglichen, nicht erziehen'... Pelzer plädiert dagegen für Forderung und Beanspruchung der Kinder und Jugendlichen. Es wäre falsch, sich als Erwachsener nicht einzumischen, wegzusehen, wenn Kinder sich schlagen, nicht hinzuhören, wenn Kinder die Unwahrheit sagen und zu hoffen, ‚daß Kinder von selbst, irgendwann einmal und irgendwie lernen, moralisch zu urteilen' (29). So heikel dieser Satz klingt: ‚Wer Interesse an Kindern hat, kommt nicht umhin, für sie eine Autorität zu sein' (29). Sehr klar umreißt Pelzer, was er darunter versteht: nicht autoritäres Verhalten, sondern die im täglichen Umgang mühsam erworbene Fähgkeit, sich auf Kinder einzulassen, ohne sich selber aufzugeben..." *Gérald Kalm, Freiburg/CH*